Introduction aux Psaumes

Introduction aux Psaumes

Poésie, Prières, Écriture

sous la supervision de
Rena MacLeod

Les Essentiels Théologiques

DTL

Rena MacLeod (créateur).
[Introduction to the Psalms: Poetry, Prayers, Scripture / Rena
MacLeod]
Introduction aux Psaumes: Poésie, Prières, Écriture / Rena MacLeod
123 + xi pp. cm. 12.7 x 20.32
ISBN 979-8-89731-970-1 (Print)
ISBN 979-8-89731-238-2 (Ebook)
ISBN 979-8-89731-232-0 (Kindle)
      1. Bible. Psaumes—Introductions.
      2. Bible. Psaumes—Critique, interprétation, etc.
BS1430.3 .M3313 2025

*Ce livre en libre accès est disponible en plusieurs langues sur
www.DTLPress.com*

Image de couverture: "Hosanna!" extrait de *Dalziels' Bible Gallery*
(https://www.metmuseum.org/art/collection/search/641645)

Table des matières

Préface de la série

L'intelligence artificielle (IA) bouleverse tout, y compris la recherche et l'enseignement théologiques. Cette série, "Les Essentiels théologiques", vise à exploiter le potentiel créatif de l'IA dans le domaine de l'enseignement théologique. Dans le modèle traditionnel, un chercheur maîtrisant à la fois le discours académique et un enseignement réussi passait plusieurs mois, voire plusieurs années, à rédiger, réviser et réécrire un texte d'introduction, qui était ensuite transmis à un éditeur qui investissait également des mois, voire des années, dans la production. Même si le produit final était généralement assez prévisible, ce processus lent et coûteux a fait exploser le prix des manuels. En conséquence, les étudiants des pays développés ont payé ces livres plus cher qu'ils n'auraient dû, tandis que ceux des pays en développement n'y ont généralement pas eu accès (au coût prohibitif) jusqu'à ce qu'ils soient jetés ou donnés des décennies plus tard. Dans les générations précédentes, le besoin d'assurance qualité – sous forme de génération de contenu, de révision par des experts, de révision et de temps d'impression – a peut-être rendu inévitable cette approche lente, coûteuse et exclusive. Cependant, l'IA bouleverse tout.

Cette série est très différente; Il est créé par l'IA. La couverture de chaque volume indique que l'œuvre a été "créée sous la supervision" d'un expert du domaine. Cependant, cette personne n'est pas un auteur au sens traditionnel du terme. Le créateur de chaque volume a été formé par l'équipe de DTL à l'utilisation de l'IA et l'a utilisée pour créer, éditer, réviser et recréer le texte que vous voyez. Ce processus de création étant clairement défini, permettez-moi d'expliquer les objectifs de cette série.

Nos objectifs:

Crédibilité: Bien que l'IA ait fait – et continue de faire – d'énormes progrès ces dernières années, aucune IA non supervisée ne peut créer un texte de niveau universitaire ou de séminaire véritablement fiable ou pleinement crédible. Les limites du contenu généré par l'IA proviennent parfois des limites du contenu lui-même (l'ensemble d'entraînement peut être inadéquat), mais le plus souvent, l'insatisfaction des utilisateurs à l'égard du contenu généré par l'IA provient d'erreurs humaines liées à une mauvaise conception des messages. Les Presses DTL ont cherché à surmonter ces deux problèmes en recrutant des chercheurs reconnus, dotés d'une expertise largement reconnue, pour créer des ouvrages dans leurs domaines d'expertise et en formant ces chercheurs et experts à la conception des messages IA. Pour être clair, le chercheur dont le nom apparaît sur la couverture de cet ouvrage a créé ce volume: il l'a généré, lu, régénéré, relu et révisé. Bien que l'œuvre ait été générée (à des degrés divers) par l'IA, les noms de nos créateurs scientifiques figurent sur la couverture, garantissant ainsi la crédibilité de son contenu, comparable à celle de tout travail d'introduction que ce chercheur/créateur aurait rédigé selon le modèle traditionnel.

Stabilité: L'intelligence artificielle est générative, ce qui signifie que chaque réponse à une requête est créée de manière unique pour cette demande spécifique. Aucune réponse générée par l'IA n'est exactement identique à une autre. Cette variabilité inévitable des réponses de l'IA représente un défi pédagogique majeur pour les professeurs et les étudiants qui souhaitent entamer leurs discussions et analyses à partir d'un ensemble commun d'idées. Les institutions éducatives ont besoin de textes stables afin d'éviter un chaos pédagogique. Ces livres offrent ce texte stable à partir duquel enseigner, discuter et approfondir les idées.

Accessibilité financière: Les Presses DTL adhèrent à l'idée que l'accessibilité financière ne devrait pas être un obstacle à la connaissance. Chacun a le même droit de savoir et de comprendre. Par conséquent, les versions numériques de tous les ouvrages des Presses DTL sont disponibles gratuitement dans les bibliothèques DTL, et les versions imprimées sont disponibles moyennant un prix modique. Nous remercions nos chercheurs/ créateurs pour leur volonté de renoncer aux accords traditionnels de redevances. (Nos créateurs sont rémunérés pour leur travail génératif, mais ne perçoivent pas de droits d'auteur au sens traditionnel du terme.)

Accessibilité: Les éditions DTL souhaitent mettre à disposition de tous, partout dans le monde, des manuels d'introduction de haute qualité et à faible coût. Les ouvrages de cette collection sont immédiatement disponibles en plusieurs langues. Les éditions DTL réaliseront des traductions dans d'autres langues sur demande. Les traductions sont, bien entendu, générées par l'IA.

Nos limites reconnues:

Certains lecteurs pourraient objecter: "Mais l'IA ne peut produire que du savoir dérivé ; elle ne peut pas créer de la recherche originale et innovante." Cette critique est, en grande partie, fondée. L'IA excelle dans l'agrégation, l'organisation et la reformulation d'idées préexistantes, bien qu'elle puisse parfois accélérer et affiner la production de nouvelles recherches. Toutefois, tout en reconnaissant cette limite inhérente, DTL Press souligne deux points: (1) Les textes introductifs n'ont généralement pas pour vocation d'être révolutionnaires dans leur contenu. (2) DTL Press dispose d'autres collections dédiées à la publication d'ouvrages de recherche originale, rédigés selon un processus traditionnel.

Notre invitation:

DTL Press aspire à transformer en profondeur l'édition académique en théologie afin de rendre le savoir plus accessible et plus abordable de deux manières:

En générant des manuels introductifs couvrant l'ensemble des disciplines théologiques, afin qu'aucun étudiant ne soit jamais contraint d'acheter un manuel dans une langue donnée. Nous espérons que les enseignants, où qu'ils soient, puissent utiliser un ou plusieurs ouvrages de cette série comme supports pédagogiques dans leurs cours.

En publiant également des monographies académiques, rédigées de manière traditionnelle, et mises à disposition en libre accès pour un lectorat universitaire avancé.

Enfin, DTL Press est non confessionnelle et publiera des ouvrages dans tous les domaines des études religieuses. Les monographies traditionnelles sont évaluées par des pairs, tandis que la création des livres introductifs générés par IA est ouverte à tout expert disposant des compétences requises pour superviser le contenu dans son champ disciplinaire. Si vous partagez notre engagement envers la crédibilité, l'accessibilité financière et l'accessibilité universelle, nous vous invitons à rejoindre notre initiative et à contribuer à cette série ou à une autre collection plus traditionnelle. Ensemble, nous pouvons révolutionner l'édition académique en théologie.

Avec nos plus hautes attentes,
Thomas E. Phillips
Directeur exécutif de DTL Press

Chapitre 1
Qu'est-ce que le livre des Psaumes?

Le Livre des Psaumes est l'un des livres les plus lus et les plus appréciés de la Bible. Pendant des siècles, il a façonné le culte juif et chrétien, influencé la musique et la littérature, et a donné libre cours à la dévotion personnelle, aux lamentations et aux louanges. Pourtant, ce livre est aussi une anthologie ancienne, un recueil soigneusement organisé de 150 poèmes hébreux dont les origines remontent au premier millénaire avant notre ère. Ouvrir ses pages, c'est découvrir un monde de rois et de temples, d'ennemis et de délivrance, mais aussi une richesse d'émotions qui résonne encore à travers des expressions de chagrin, de joie, de colère, de désespoir, de confiance et d'espoir.

Pour l'érudition biblique, les Psaumes incarnent une complexité de contrastes qui invite à une étude approfondie. À la fois intensément personnels et profondément collectifs, ils sont écrits par des voix individuelles, mais préservés comme un livre pour tout le peuple d'Israël. Ils paraissent intemporels, mais révèlent des couches de composition et d'édition qui reflètent les changements de situation de l'ancien Israël, de la monarchie à l'exil et à la restauration. Leur langage est poétique, mais c'est une poésie ancrée dans la vie religieuse et politique. Les Psaumes ne sont donc pas seulement des "chants de l'âme", comme on les appelle souvent, mais aussi des documents historiques, littéraires et théologiques.

Ce livre présente les Psaumes dans cet esprit: non pas comme un manuel de dévotion ou un recueil de dictons intemporels, mais comme un témoignage riche et complexe de la religion, de l'art littéraire et de l'influence culturelle israélites. Nous nous intéressons aux Psaumes tels qu'ils sont abordés dans la recherche biblique moderne, en nous intéressant à leurs origines, leurs formes, leurs thèmes théologiques et à l'histoire de leur réception. Nous examinerons la formation du livre, explorerons ses genres poétiques et retracerons son interprétation et son utilisation, de la synagogue et de l'église aux salles de concert et aux mouvements politiques. Ce faisant, nous chercherons à démontrer pourquoi ces poèmes conservent une telle force.

Les Psaumes comme poésie, prière et Écriture

Les Psaumes sont avant tout de la poésie. Leur force ne réside pas dans l'argumentation ou le récit, mais dans le rythme, l'imagerie et la répétition. Comme l'ont souligné Adèle Berlin et Robert Alter, la poésie biblique est unique: elle n'est pas marquée par un mètre ou une rime imposée, comme dans les traditions beaucoup plus tardives, mais par le parallélisme (l'équilibre des vers qui se font écho, contrastent ou s'intensifient). Prenons par exemple le premier verset du Psaume 19:

"Les cieux racontent la gloire de Dieu,
et le firmament proclame l'ouvrage de ses mains."

Ici, le deuxième vers reprend le premier avec variation, caractéristique de la poésie hébraïque. Cette structure rend les Psaumes mémorables, musicaux et chargés d'émotion. L'imagerie tirée de la nature, des rituels et de l'expérience humaine renforce cet effet. Dieu est représenté dans les Psaumes comme berger, forteresse, rocher, roi et juge. Cette poésie artistique contribue à expliquer leur attrait durable, même au-delà des langues et des cultures.

Pourtant, ces poèmes ne sont pas de simples exercices littéraires. Ce sont des prières. Le titre hébreu du recueil, *Tehillim* ("louanges"), souligne leur fonction dans le culte d'Israël. De nombreux psaumes étaient à l'origine chantés avec un accompagnement musical, et le terme grec *psalmoi* reflète ce fait: des chants à chanter au son des cordes pincées. Dans la Septante, l'ancienne traduction grecque de la Bible hébraïque, *Psalmoi* est devenu le titre de l'ensemble du recueil, soulignant son caractère de recueil de chants. De cet usage est né le latin *Psalmi,* puis l'anglais Psalms. Le mot grec *psaltērion,* nom d'un instrument à cordes pincées, qui, par l'intermédiaire du latin *psalterium,* a donné naissance au terme anglais Psalter pour le recueil, est étroitement apparenté. Les noms mêmes sous lesquels le livre est connu préservent donc ses origines musicales et liturgiques.

En tant que prières, les Psaumes expriment un éventail de réponses humaines à Dieu. Certains sont des hymnes de joie débordante ("Que tout ce qui respire loue le Seigneur!", Psaume 150:6). D'autres sont des cris de désespoir ("Mon Dieu, mon Dieu, pourquoi m'as-tu abandonné?" Psaume 22,1). D'autres encore mêlent lamentation et confiance, comme dans le Psaume 13:

"Jusqu'à quand, Seigneur? M'oublieras-tu à jamais?

… Mais je me suis confié en ta bonté,

Mon cœur se réjouira de ton salut."

Cette oscillation entre plainte et confiance illustre ce que Claus Westermann appelait le "passage de la lamentation à la louange". Elle révèle également le paradoxe de la prière: la liberté de protester sans rompre la relation. Ainsi, les Psaumes illustrent à la fois l'honnêteté et la confiance.

Au fil du temps, ces prières sont devenues des Écritures. Des chants individuels autrefois interprétés au temple ou par les musiciens du roi ont été rassemblés, arrangés et finalement canonisés. Aujourd'hui, le Livre des Psaumes est lu non seulement comme de la poésie ancienne, mais aussi comme un texte sacré, façonnant le culte, la dévotion et la réflexion à travers les siècles. Les moines récitaient le livre entier chaque semaine; les Réformateurs ont traduit et chanté des psaumes en langue vernaculaire; d'innombrables livres de prières, recueils de cantiques et textes religieux modernes s'inspirent directement de ses paroles.

Les Psaumes dans les Bibles juives et chrétiennes

Les Psaumes occupent une place particulière au sein du canon biblique. Dans la tradition juive, ils ouvrent la troisième grande division de la Bible, les Écrits (*Ketuvim)*, et ont été, dès les premiers temps, au cœur du culte. Nombre d'entre eux trouveraient leur origine dans la vie du temple, interprétés par des chœurs, accompagnés d'instruments, et liés à des fêtes ou des cérémonies royales. Après la destruction du Second Temple en 70 apr. J.-C., ils semblent avoir assumé de nouveaux rôles à la synagogue et dans le cadre domestique. Les Psaumes ont commencé à être récités en prière, mémorisés à la maison et intégrés aux liturgies quotidiennes. Certains recueils de psaumes (comme les Psaumes 113-118, appelés *Hallel,* signifiant "louange") auraient été associés à des fêtes comme Pessah, Chavouot, Souccot et Hanoukka, ainsi qu'à d'autres occasions spéciales de la tradition religieuse israélite.

Dans les Bibles chrétiennes, les Psaumes sont généralement regroupés avec les livres de "sagesse" ou "poétiques", souvent situés vers le milieu de l'Ancien Testament. Dès les premiers siècles, les chrétiens ont puisé dans les Psaumes à la fois comme prières et comme textes à lecture prophétique. Augustin les a décrits comme un "gymnase de l'âme", soulignant leur rôle d'école de prière et de réflexion. Leur place et leur réception dans les contextes juif et chrétien ont fait des Psaumes non seulement un livre parmi d'autres, mais aussi un élément central de la manière dont les communautés ont appris à exprimer la louange, la lamentation et la confiance.

La disposition des Psaumes en cinq livres ou sections (Ps. 1-41; 42-72; 73-89; 90-106; 107-150) est une caractéristique préservée dans les Bibles juives et chrétiennes. Chacun se termine par une courte doxologie (formule de bénédiction ou de louange à Dieu), et l'ensemble culmine avec le Psaume 150, un hymne qui convoque instruments, chœurs et toute la création dans un chœur de louanges. Ces divisions ne correspondent pas à des catégories bien définies de psaumes tels que la complainte, la louange ou la sagesse. Elles marquent plutôt des étapes éditoriales dans la constitution de l'anthologie. Certains interprètes suggèrent que cette disposition en cinq parties visait à faire écho aux cinq livres de la Torah, présentant les Psaumes comme un complément à la loi d'Israël. D'autres observent que, bien que les genres restent mélangés tout au long, la séquence dans son ensemble trace un mouvement théologique: commençant par de nombreux psaumes de David et des lamentations, traversant une crise communautaire et se terminant par un crescendo de louanges.

Une autre caractéristique distinctive des Psaumes réside dans les suscriptions qui préfacent de nombreuses compositions. Ces brèves notes incluent parfois des indications musicales ("au chef de chœur", "avec instruments à cordes"), mais les attributions à des personnages particuliers sont particulièrement remarquables. Soixante-treize psaumes sont liés à David, tandis que d'autres sont associés à Asaph, aux Coréites, à Salomon, voire à Moïse. Les études modernes considèrent généralement ces titres comme des ajouts éditoriaux ultérieurs plutôt que comme des attestations fiables d'auteur. L'expression hébraïque *le-David* ("de David") elle-même est ambiguë: elle pourrait signifier composé par lui, écrit pour lui, lui dédié, ou simplement dans son style.

La question de la paternité est d'autant plus complexe que les Psaumes ont été écrits sur plusieurs siècles. Cette longue période de composition signifie que les Psaumes reflètent les voix de nombreux auteurs et communautés, et non d'un seul individu. Plutôt que celles d'un poète unique, le livre représente une tradition de chants et de prières continuellement adaptée et enrichie. Reconnaître cette diversité ne diminue en rien leur importance; cela souligne comment les Psaumes sont devenus une ressource partagée, transmise et remodelée au fil des générations. Le lien davidique, cependant, est resté central. Dans les traditions juive et chrétienne, David était considéré comme le roi, le poète et le musicien idéal, et le fait de lui associer les Psaumes a donné au recueil une voix paradigmatique. Cette association a façonné l'interprétation ultérieure, les lecteurs percevant les Psaumes non seulement comme les prières d'Israël, mais aussi comme les paroles de David lui-même et, dans les lectures chrétiennes, comme des anticipations du Christ.

Prises ensemble, ces caractéristiques montrent que le Livre des Psaumes, dans les Bibles juive et chrétienne, n'est pas une anthologie aléatoire de poèmes historiques, mais un recueil soigneusement élaboré à visée théologique. Sa division en cinq parties, ses suscriptions et ses doxologies conclusives suggèrent une conception éditoriale plutôt qu'une accumulation accidentelle. Parallèlement, sa place dans le canon (en tête des Écrits du judaïsme, au cœur de l'Ancien Testament pour les chrétiens) lui assure une fonction de passerelle: entre la loi et la prophétie, entre l'histoire d'Israël et la vie cultuelle, entre la prière personnelle et l'identité communautaire.

La portée et l'influence des Psaumes

Dès leur plus jeune âge, les Psaumes ont dépassé leur contexte original, celui du culte israélite, pour prendre une dimension plus large au sein des communautés qui les ont préservés. Leur forme poétique et leur portée émotionnelle leur ont permis de s'adapter à de nouvelles situations, et cette adaptabilité leur a permis de traverser les langues, les cultures et les traditions. Au fil des siècles, les Psaumes ont fonctionné non seulement comme des prières, mais aussi comme des textes exerçant une influence liturgique, littéraire et culturelle.

Dans la tradition juive, ils devinrent une ressource pour la vie religieuse, bien au-delà du culte formel. Certains psaumes étaient récités pour se protéger, d'autres pour guérir, et d'autres encore pour rythmer le temps quotidien. Leur forme poétique facilitait la mémorisation, et les enfants pouvaient apprendre des psaumes par cœur dans le cadre de leur éducation religieuse. Des manuscrits et des inscriptions attestent que des psaumes individuels pouvaient être écrits à des fins dévotionnelles, voire apotropaïques (c'est-à-dire pour conjurer le mal), et donc appréciés non seulement pour leur signification, mais aussi pour leurs mots mêmes. Cette flexibilité permit aux Psaumes de demeurer un compagnon constant à travers les siècles de changement, accompagnant les communautés juives en exil, en *diaspora* et lors de leur renouveau.

Dans le christianisme, les Psaumes occupaient une place tout aussi importante. Le Nouveau Testament les cite fréquemment, souvent interprétés en lien avec la vie de Jésus. Des Pères de l'Église comme Athanase et Augustin louaient le Psautier comme un livre qui exprimait toute la palette des émotions humaines, exprimant joie et désespoir. Au IVe siècle, la récitation du Psautier en entier devint un élément essentiel de la vie monastique. Au fil du temps, les Psaumes s'intégrèrent au rythme quotidien de la liturgie chrétienne, que ce soit dans le chant latin, les livres de prières anglicans ou les psautiers métriques de la Réforme traduits en langue vernaculaire. Dans chaque contexte, les Psaumes furent remodelés pour s'adapter aux nouvelles communautés, tout en conservant leur rôle central de prières.

Les Psaumes ont également exercé une longue influence littéraire et artistique. À la fin de l'Antiquité, ils étaient enluminés dans des manuscrits; à la Renaissance, ils furent paraphrasés en poésie et peints dans des œuvres d'art visuel; à l'époque moderne, ils ont continué d'être traduits, adaptés et évoqués dans la littérature. En musique, des compositeurs de différentes traditions se sont inspirés à plusieurs reprises du Psautier, produisant des œuvres allant du simple chant à des compositions chorales et symphoniques complexes. Ces utilisations artistiques n'ont pas été uniformes, mais elles illustrent comment les Psaumes pouvaient être intégrés à de nouveaux contextes créatifs.

Leur influence s'est également fait sentir dans la vie publique et politique. Certains psaumes ont revêtu un rôle symbolique bien au-delà de leurs origines anciennes. La complainte du psaume 137, "Au bord des fleuves de Babylone", a trouvé un écho auprès des communautés déplacées, des exilés juifs aux esclaves africains des Amériques. Le psaume 23, avec son image de réconfort face au danger, est régulièrement lu en période de deuil collectif. Des dirigeants comme Martin Luther King Jr. et Nelson Mandela ont puisé force et force de langage dans les Psaumes en contexte de lutte et de résistance. Ces exemples illustrent comment les Psaumes ont été adaptés pour exprimer à la fois consolation et protestation.

Ces trajectoires montrent que le Livre des Psaumes est bien plus qu'une relique de la religion israélite. Il s'agit d'un recueil vivant, réinterprété à maintes reprises dans le culte juif et chrétien, intégré à la littérature et à la musique, et invoqué dans des contextes culturels et politiques plus vastes. Sa portée et son influence continuent de s'étendre bien au-delà des contextes dans lesquels ces poèmes ont été initialement composés.

La trajectoire de ce livre

Les chapitres qui suivent sont organisés de manière à refléter à la fois les origines du Livre des Psaumes et son impact continu. Le chapitre 2 examine la forme et la formation du Psautier, explorant la manière dont les poèmes individuels ont été rassemblés en un recueil de cinq livres, ainsi que le rôle des suscriptions et de la conception éditoriale. Le chapitre 3 aborde le genre et le style, décrivant les principales catégories de psaumes identifiées par des érudits comme Hermann Gunkel, et examinant l'art poétique du parallélisme et de l'imagerie. Le chapitre 4 aborde des thèmes théologiques clés: Dieu comme roi, créateur et refuge; lamentations, confiance et protestation humaines; et la proposition influente de Walter Brueggemann: "orientation, désorientation et nouvelle orientation". L'accent est ensuite mis sur les Psaumes en usage. Le chapitre 5 examine leur place dans le culte et la vie quotidienne, de la liturgie israélite antique à la pratique synagogale, en passant par la prière monastique chrétienne et les traditions dévotionnelles ultérieures. Enfin, le chapitre 6 rassemble les thèmes centraux du livre, réfléchissant sur la manière dont les Psaumes ont perduré non seulement comme des reliques de dévotion mais comme des paroles vivantes qui continuent de façonner le culte, l'imagination et l'identité.

Chapitre 2
La forme et la formation du livre des Psaumes

Lorsque l'on passe des psaumes individuels au Livre des Psaumes dans son ensemble, les questions de forme et de formation apparaissent au premier plan. Le recueil n'a pas été entièrement constitué spontanément. Comme indiqué précédemment, il conserve des poèmes de différentes époques et de différents lieux, rassemblés au fil des siècles dans l'anthologie que nous connaissons aujourd'hui. Comprendre comment ce processus s'est déroulé, comment des chants indépendants sont devenus un livre quintuple, comment les suscriptions les ont encadrés et comment les éditeurs ont organisé la séquence a été une préoccupation majeure de la recherche moderne.

Les Psaumes sont inhabituels parmi les livres bibliques: ils ne constituent pas un récit continu comme la Genèse ou les Rois, ni un corpus prophétique unique comme Isaïe, mais un recueil de 150 compositions. Pourtant, ils ne sont pas de simples archives de paroles religieuses. Leur structure actuelle porte les marques d'une organisation délibérée. La division en cinq "livres", chacun conclu par une doxologie, confère à l'ensemble une forme distincte. Le Psaume 1, avec

13

sa méditation sur la Torah, et le Psaume 150, avec son appel à la louange universelle, fonctionnent comme des serre-livres encadrant l'ensemble.

Derrière cette organisation éditoriale se cache une histoire complexe de compilation. De plus petits groupes de psaumes (ceux attribués à Asaph, aux Coréites ou aux Chants des Montées) semblent avoir circulé avant d'être intégrés au recueil plus vaste. Les suscriptions lient de nombreux psaumes à David, Salomon ou Moïse, mais ces attributions ne constituent pas des preuves directes de paternité. Elles reflètent plutôt la manière dont les communautés ultérieures ont voulu situer les psaumes dans l'histoire d'Israël, en les ancrant dans les figures du roi, du Temple et de la Torah.

Ce chapitre explore ce processus de formation en trois étapes. Premièrement, nous examinerons la transformation de 150 poèmes en un livre quintuple. Deuxièmement, nous examinerons le rôle des suscriptions et des traditions davidiques. Enfin, nous examinerons les débats scientifiques sur la manière dont les Psaumes ont été compilés et édités.

Des poèmes individuels à un recueil de cinq livres

Les 150 poèmes qui composent le Livre des Psaumes présentent une remarquable diversité de formes et de contextes. Certains étaient autrefois chantés à la cour royale, d'autres au temple, et d'autres encore pourraient être issus de prières privées. Au fil du temps, ces morceaux individuels ont été regroupés en ensembles plus vastes, pour finalement former le recueil en cinq parties qui figure aujourd'hui dans les Bibles juives et chrétiennes.

Des traces de ces premières étapes sont encore visibles. Plusieurs petits groupes de psaumes peuvent être identifiés dans le livre. Les "Chants des Montées" (Ps. 120-134) forment une série compacte, probablement liée au pèlerinage à Jérusalem. Les "Psaumes d'Asaph" (Ps. 73-83) et les "Psaumes coréites" (Ps. 42-49; 84-85; 87-88) suggèrent des compositions liées à des guildes particulières de musiciens du temple. D'autres paires et groupes réapparaissent: les Psaumes 105 et 106, par exemple, racontent l'histoire d'Israël de manières complémentaires, l'un relatant les hauts faits de Dieu, l'autre soulignant les échecs répétés d'Israël. Ces groupes indiquent que des poèmes individuels ont circulé en recueils bien avant d'être rassemblés en un seul livre.

La structure du Livre des Psaumes se caractérise par sa division en cinq sections: Livre I (Psaumes 1-41), Livre II (Psaumes 42-72), Livre III (Psaumes 73-89), Livre IV (Psaumes 90-106) et Livre V (Psaumes 107-150). Chaque section se conclut par une doxologie, une brève formule de bénédiction telle que: "Béni soit le Seigneur, le Dieu d'Israël, d'éternité en éternité. Amen et amen" (41,13; cf. 72,18-19; 89,52; 106,48). Le dernier psaume, le 150, constitue une doxologie à part entière, convoquant instruments, chœurs et "tout ce qui respire" à se joindre à la louange. Ces marqueurs récurrents constituent une preuve solide que le livre n'était pas une anthologie faite au hasard, mais une collection ayant reçu une forme délibérée.

La tradition juive, dès les premiers Midrash Tehillim rabbiniques, et des interprètes chrétiens comme Augustin suggéraient que la division en cinq sections visait à refléter les cinq livres de Moïse. De ce point de vue, les Psaumes constituent le pendant de la Torah: loi et prière en équilibre, fondement de la vie d'Israël devant Dieu. Si les érudits modernes se montrent prudents quant à une intention directe, le parallèle était évident pour les lecteurs de l'Antiquité. La Torah donnait des instructions de vie, tandis que les Psaumes enseignaient à Israël comment répondre par la prière, la louange et la lamentation. La structure quintuple inscrit ainsi le recueil dans le vaste monde scripturaire d'Israël.

Le contenu de chacun des cinq livres possède sa propre personnalité, bien que les limites ne soient pas rigides. Le livre I (Psaumes 1–41) est dominé par des psaumes attribués à David et marqués par des lamentations individuelles. Le Psaume 3, par exemple, s'ouvre par un appel à la délivrance: "Ô Seigneur, que mes ennemis sont nombreux! Ils se lèvent contre moi!" (3,1). Le livre II (Psaumes 42–72) poursuit l'accent davidique, mais introduit également des recueils associés aux

Koréites. Il se termine par le Psaume 72, un psaume royal priant pour que le règne du roi apporte justice et abondance: "Qu'il défende la cause des pauvres du peuple, qu'il accorde la délivrance aux nécessiteux et qu'il écrase l'oppresseur!" (72,4). Le livre III (Psaumes 73–89) adopte un ton plus communautaire et plus sombre. Le Psaume 74 déplore la destruction du sanctuaire: "Ils ont incendié ton sanctuaire, ils ont profané la demeure de ton nom, ils l'ont renversée" (74,7). Le Psaume 89, réfléchissant à l'effondrement de la monarchie, demande: "Seigneur, où est ta bonté d'autrefois, par laquelle tu as juré fidélité à David?" (89,49).

Le livre IV (Psaumes 90-106) répond à cette crise en soulignant la royauté et la fidélité de Dieu. Il commence par le Psaume 90, une prière attribuée à Moïse: "Seigneur, tu as été notre demeure de génération en génération" (90,1). Ce placement marque un abandon de la dépendance à la monarchie davidique au profit de la confiance dans le règne éternel de Dieu. Les psaumes suivants (93-99) proclament à plusieurs reprises: "Le Seigneur est roi!" Le livre V (Psaumes 107-150) rassemble de nombreux hymnes d'action de grâce et de louange. Il comprend le "Hallel" (Psaumes 113-118), récité lors des fêtes; les "Chants des montées" (Psaumes 120-134), associés au pèlerinage; et le Psaume 119, un acrostiche alphabétique dont chaque section successive commence par une lettre différente de l'alphabet hébreu. Le psaume parcourt les vingt-deux lettres dans l'ordre, consacrant huit versets à chacune, offrant ainsi une méditation très structurée sur la Torah. La séquence finale (146-150) est un crescendo de psaumes alléloula, chacun commençant et se terminant par "Louez le Seigneur", culminant avec l'appel à la louange universelle du psaume 150.

La structure délibérée du recueil est visible non seulement dans sa division en cinq parties, mais aussi dans son ouverture et sa clôture. Le Psaume 1 donne le ton avec un thème de sagesse: "Heureux ceux qui trouvent leur plaisir dans la loi de l'Éternel" (1,1-2). Le Psaume 2 le complète par un thème royal: "J'ai établi mon roi sur Sion, ma montagne sainte" (2,6). Ensemble, ces deux psaumes placent la Torah et la royauté au cœur de leurs préoccupations. À l'autre extrémité, le Psaume 150 conclut l'ensemble du recueil avec justesse, par son appel pressant à la louange collective. Cependant, il convient de ne pas trop imposer cette organisation en cinq parties. Des lamentations apparaissent dans chaque section, tout comme des hymnes de louange. La structure ne propose pas une histoire unique, mais un cadre théologique. Chaque livre suit son propre cycle de lamentations, de supplications et de louanges, et se termine par une doxologie. Pris ensemble, les cinq livres créent un rythme de prière qui reflète l'expérience variée d'Israël: les difficultés et la confiance, le désespoir et l'espoir, l'exil et la restauration.

La composition du Livre des Psaumes reflète ainsi à la fois préservation et innovation. Des chants anciens, ancrés dans les rituels du temple, les cérémonies royales et la dévotion personnelle, ont été regroupés, puis regroupés en un tout en cinq parties. La division en cinq livres, la disposition des psaumes clés, ainsi que l'introduction et la conclusion qui les accompagnent, suggèrent une conception intentionnelle. Il en résulte un recueil à la fois anthologie de voix diverses et livre cohérent, guidant le lecteur de la lamentation à la louange et de la prière personnelle à la confession collective.

Suscriptions davidiques et mise en forme éditoriale

L'une des caractéristiques les plus distinctives du Livre des Psaumes réside dans les suscriptions qui préfacent de nombreuses compositions individuelles. Environ les deux tiers des psaumes comportent un titre. Celles-ci vont de brèves attributions à des personnes ("De David", "D'Asaph") à des notes plus longues donnant un contexte liturgique ou historique, comme "Psaume de David, lorsqu'il fuyait son fils Absalom" (Ps. 3). D'autres incluent des indications musicales: "Au chef d'orchestre: avec instruments à cordes" (Ps. 4). D'autres encore emploient des termes techniques dont le sens reste incertain, comme maskil ou miktam. Bien que les suscriptions ne soient pas uniformes, elles poursuivent un objectif cohérent:

elles encadrent la lecture du psaume, guidant sa compréhension et son utilisation dans le culte.

Attributions davidiques

Le plus grand groupe de suscriptions relie les psaumes à David (soixante-treize au total). L'expression hébraïque *le-David* est traditionnellement traduite par "De David", suggérant ainsi sa paternité. Pourtant, comme le soulignent de nombreux spécialistes, la préposition *le-* est ambiguë: elle peut signifier "par", "pour", "à" ou "concernant". Cette flexibilité signifie qu'un psaume "de David" pourrait avoir été composé par lui, écrit en son honneur, dédié à ses descendants ou rédigé dans un style davidique. En pratique, cette attribution ne fonctionne pas comme une revendication moderne de paternité. Elle situe plutôt le psaume dans la figure du roi paradigmatique d'Israël.

Le lien avec David était profondément significatif pour les communautés qui préservaient ces textes. David était considéré non seulement comme le grand monarque d'Israël, mais aussi comme un poète et un musicien (cf. 1 S 16,18). Associer un psaume à David, c'était l'ancrer dans le passé royal d'Israël, lui conférer la voix de celui qui incarnait à la fois la royauté et la dévotion. Cette association conférait aux psaumes une autorité et une résonance plus larges. Lorsque les interprètes juifs récitaient ultérieurement un psaume "de David", ils l'entendaient comme la voix du roi;

lorsque les interprètes chrétiens lisaient ce même psaume, ils l'interprétaient souvent comme une anticipation du Christ, le "Fils de David".

Les suscriptions davidiques façonnent également la structure du recueil. Les livres I et II sont largement consacrés aux psaumes attribués à David. La note finale à la fin du psaume 72 ("Les prières de David, fils de Jessé, sont terminées") suggère que les deux premiers livres furent un temps considérés comme un recueil "davidien" distinct. Les éditeurs ultérieurs enrichirent l'anthologie en y ajoutant des psaumes liés à d'autres personnages et groupes, tout en conservant David au cœur de l'ouvrage.

Autres attributions

Aux côtés des titres davidiques se trouvent des attributions à d'autres noms. Le recueil asaphite (Psaumes 73-83) et les psaumes coréites (Psaumes 42-49; 84-85; 87-88) préservent vraisemblablement des traditions associées aux guildes de chanteurs du temple. Salomon apparaît dans les suscriptions des Psaumes 72 et 127, et Moïse dans le Psaume 90. Chacun de ces liens renforce l'autorité en reliant un psaume à une figure vénérée: Asaph et les Coréites en tant que musiciens lévitiques, Salomon en tant que roi sage, Moïse en tant que législateur et intercesseur. Même si les suscriptions ne constituent pas des notes historiques d'auteur, elles ancrent les poèmes dans la mémoire des dirigeants, des institutions et des traditions d'Israël.

Ces attributions suggèrent également que les Psaumes n'ont pas été rassemblés d'un seul coup, mais se sont développés en intégrant des recueils plus petits. Les psaumes d'Asaph et de Koré ont probablement été rassemblés en unités distinctes avant d'être regroupés dans les Livres II à III. De même, les "Chants des Montées" (Ps. 120-134), bien que dépourvus d'auteurs nommés, forment un recueil reconnaissable, inséré plus tard dans le Livre V. La structure éditoriale des Psaumes ne consiste donc pas simplement à les diviser en cinq livres, mais à tisser des courants traditionnels distincts en un tout plus vaste.

Suscriptions historiques

Un groupe plus restreint de suscriptions situe les psaumes à des moments précis de la vie de David: "lorsqu'il fuyait devant Absalom, son fils" (Ps. 3), "lorsque les Philistins le saisirent à Gath" (Ps. 56), ou "lorsque le prophète Nathan vint à lui, après qu'il fut allé à Bethsabée" (Ps. 51). Ces notes sont peu susceptibles d'être historiquement stricto sensu. Rares sont celles qui correspondent précisément au contenu du psaume, et beaucoup semblent avoir été ajoutées rétrospectivement. Leur fonction est interprétative: elles invitent le lecteur à imaginer David récitant ces paroles dans des moments d'épreuve ou de repentance. Ce faisant, elles donnent aux psaumes un cadre narratif, les reliant à l'histoire d'Israël.

Mise en forme éditoriale

Au-delà des suscriptions, il existe des preuves que le Livre des Psaumes a été façonné avec une intention théologique. L'emplacement de certains psaumes à des endroits stratégiques renforce le mouvement du recueil. Le Psaume 1, centré sur la Torah, sert d'introduction; le Psaume 2, avec sa théologie royale, le complète. Le Psaume 72, qui clôt le Livre II, présente une vision idéalisée de la royauté, après quoi la note "Les prières de David, fils de Jessé, sont terminées" suggère une transition. Le Psaume 89, à la fin du Livre III, exprime le désespoir face à l'effondrement apparent de l'alliance davidique: "Seigneur, où est ta bonté éternelle, par ta fidélité jurée à David?" (89,49). La séquence pivote ensuite avec le Psaume 90, attribué à Moïse, signalant un retour à la royauté divine plutôt qu'à la monarchie humaine. Au moment où la collection atteint le Psaume 150, l'accent est passé de la lamentation royale à la louange universelle.

Cette organisation n'élimine pas la diversité. Lamentations et hymnes apparaissent dans chaque section, et l'ordre général n'est pas narratif linéaire, mais théologique. Pourtant, des schémas se dessinent. Les livres I et II mettent l'accent sur la paternité davidique, ancrant le recueil dans la voix royale. Le livre III aborde la crise de l'exil et la perte de la monarchie. Les livres IV à V mettent en lumière le règne éternel de Dieu et se concluent par un élan de louange. Les éditeurs ont organisé le texte de manière à guider le lecteur à travers ces étapes.

Implications théologiques

Reconnaître le rôle des suscriptions et de la mise en forme éditoriale nous aide à considérer les Psaumes comme plus qu'une simple anthologie. Les attributions davidiques ont donné au recueil cohérence et autorité, tandis que l'agencement des psaumes selon des séquences soigneusement choisies a créé un rythme qui guide le lecteur à travers les crises, la confession et la louange. Le résultat est un livre capable de transmettre des messages à travers les générations: des prières personnelles transformées en mémoire collective, des lamentations royales adaptées aux contextes exiliques ou post-exiliques, et des chants autrefois liés au culte au temple transformés en écritures pour les synagogues et les églises.

L'importance théologique de cette mise en forme réside dans la manière dont elle dépeint l'identité d'Israël devant Dieu. Les suscriptions relient les Psaumes à des personnages comme David, Salomon ou Moïse, enracinant les poèmes dans les dirigeants fondateurs d'Israël. Cependant, le recueil dans son ensemble attire l'attention, au-delà des individus, sur la relation continue du peuple avec YHWH. Le cycle de lamentations et de confiance, de confession et d'action de grâces reflète un modèle d'alliance: Israël est un peuple qui dépend de l'amour inébranlable de Dieu, même dans l'échec et l'exil.

Tout aussi importante est la manière dont le recueil souligne la royauté de Dieu. Si la royauté humaine est honorée et commémorée, la structure éditoriale insiste sur le fait que la souveraineté ultime appartient à YHWH. Les psaumes royaux sont contrebalancés par des hymnes célébrant Dieu comme créateur et souverain des nations. Cet arc théologique déplace le regard du lecteur de la fragilité du pouvoir terrestre vers la constance du règne divin.

En présentant la prière de cette manière, le Livre des Psaumes présente une vision de la foi à la fois réaliste et pleine d'espoir. Il exprime l'angoisse et la protestation, mais ne s'arrête pas là; il guide les communautés vers une confiance renouvelée en la présence de Dieu et une attitude finale de louange. La conception du recueil reflète donc une conviction théologique profonde: être le peuple de Dieu, c'est vivre honnêtement devant YHWH en toutes circonstances, tout en étant continuellement ramené à la relation avec celui qui règne sur la création et demeure fidèle à l'alliance.

Théories de la compilation et débats scientifiques
Le Livre des Psaumes a longtemps été considéré comme une source précieuse de prière et de poésie, mais il est aussi devenu, dans la

recherche moderne, un terrain d'expérimentation pour de nouvelles méthodes d'interprétation. Les interrogations sur la constitution de ce recueil (qu'il s'agisse d'une anthologie progressive ou d'un livre délibérément structuré) ont donné naissance à différentes approches, chacune avec ses propres hypothèses et orientations. Ce qui suit est un aperçu de certaines des théories les plus influentes, de la critique formelle initiale aux lectures canoniques plus récentes, ainsi que des débats qui continuent de façonner ce domaine.

Fondements critiques de la forme

Au tournant du XXe siècle, Hermann Gunkel fut le pionnier de l'étude critique de la forme des Psaumes. La critique formelle est une méthode de classification des textes selon leur forme littéraire et leurs caractéristiques typiques, dans le but de reconstituer leur contexte social d'origine. Pour Gunkel, la clé de la compréhension des Psaumes ne résidait pas dans leur forme finale, mais dans le "Sitz im Leben" (cadre de vie) originel de chaque poème. Il soutenait que les psaumes pouvaient être regroupés en types (hymnes, lamentations, actions de grâces, psaumes royaux, psaumes de sagesse) sur la base de schémas récurrents de vocabulaire, de structure et de motif. Chaque type, à son tour, avait une fonction caractéristique: les lamentations étaient des appels à l'aide en cas de détresse, les hymnes louaient la puissance de Dieu et sa création, les psaumes royaux s'inscrivaient dans des contextes de couronnement ou de bataille. En se concentrant sur ces formes, Gunkel cherchait à dépasser les questions d'auteur pour restituer le rôle des psaumes dans la vie religieuse d'Israël.

L'approche de Gunkel fut approfondie par Sigmund Mowinckel, qui souligna le contexte cultuel des psaumes. Il suggéra que nombre d'entre eux trouvaient leur origine dans les fêtes du temple, notamment une célébration annuelle de la royauté de Dieu. Selon Mowinckel, des psaumes tels que les psaumes 93 et 96-99 reflètent des rituels d'intronisation au cours desquels YHWH était acclamé roi. Si les érudits ultérieurs ont débattu des preuves de ces fêtes, l'insistance de Mowinckel sur un contexte liturgique vivant a contribué à détourner l'attention des auteurs individuels vers le culte communautaire d'Israël. Ensemble, Gunkel et Mowinckel ont établi la critique formelle comme méthode dominante pendant une grande partie du XXe siècle.

Rédaction - Perspectives critiques

À partir des années 1980, l'attention s'est portée non plus sur les origines des psaumes individuels, mais sur la structure du recueil dans son ensemble. Cette approche est souvent qualifiée de critique rédactionnelle, une méthode qui étudie le travail éditorial (rédaction) qui a façonné les traditions antérieures jusqu'à leur forme définitive. Plutôt que de se concentrer uniquement sur la manière dont un psaume a pu être utilisé au temple, les critiques rédactionnels s'interrogent sur la manière dont les recueils plus petits ont été combinés, organisés et orientés théologiquement par les éditeurs ultérieurs.

L'étude influente de Gerald Wilson, *The Editing of the Hebrew Psalter* (1985), soutenait que la division en cinq parties du livre reflétait une activité éditoriale délibérée. Il suggérait que cette organisation racontait une histoire théologique: le déclin de la monarchie davidique (Livres I à III) cédait la place à l'accent mis sur la royauté éternelle de Dieu (Livres IV à V). Selon cette perspective, les Psaumes n'étaient pas simplement préservés, mais réinterprétés à la lumière de l'expérience de l'exil et de la perte d'Israël.

Brevard Childs, bien que n'écrivant pas principalement sur les Psaumes, a renforcé cette perspective par son approche canonique des Écritures. Pour Childs, la forme finale d'un livre biblique est elle-même significative sur le plan théologique. La mise en forme éditoriale des Psaumes, ses psaumes d'encadrement, ses doxologies et son ordonnancement, doivent donc être interprétés comme faisant partie intégrante de son message. Cela a marqué un tournant majeur: au lieu de considérer l'activité éditoriale comme secondaire, les spécialistes ont commencé à la considérer comme essentielle à la signification du livre.

Approches canoniques

S'appuyant sur ces observations, d'autres chercheurs ont soutenu que les Psaumes présentent un message global dans leur forme canonique. L'approche canonique se concentre sur le texte tel qu'il se présente actuellement au sein du canon biblique, plutôt que sur ses premières étapes de composition. Elle s'interroge sur la fonction théologique et spirituelle du livre pour la communauté qui l'a reçu comme Écriture. Contrairement à la critique formelle, qui examine les origines du texte, ou à la critique rédactionnelle, qui met l'accent sur le travail des éditeurs, l'approche canonique considère la forme finale du livre comme porteuse de sens.

Certains chercheurs, comme Walter Brueggemann, ont mis l'accent sur le passage de l'orientation (confiance en Dieu) à la réorientation (confiance et louange retrouvées), en passant par la désorientation (crise et lamentations). Bien que les catégories de Brueggemann ne visent pas à décrire la structure éditoriale au sens strict, elles soulignent comment les Psaumes peuvent être lus comme un cheminement de foi.

D'autres se concentrent sur les liens avec la Torah. Le Psaume 1, avec sa méditation sur la loi divine, a souvent été considéré comme délibérément placé en tête du livre afin d'aligner les Psaumes sur les traditions de sagesse et l'autorité de la Torah. Le Psaume 119, avec son acrostiche louant la loi, renforce cette orientation. De telles caractéristiques suggèrent que le recueil était conçu non seulement comme un livre de prières, mais aussi comme un guide d'instruction, guidant Israël dans la vie d'alliance devant Dieu.

Débats en cours

Malgré ces évolutions, d'importantes questions subsistent. L'une concerne la division en cinq parties elle-même: a-t-elle été délibérément calquée sur la Torah, ou le parallèle n'a-t-il été remarqué que plus tard? Une autre concerne le principe de regroupement: les psaumes ont-ils été regroupés principalement par attribution d'auteur (David, Asaph, Koréites), par thèmes (royauté, sagesse, lamentation) ou par usage liturgique (fête, pèlerinage)? Les données ne sont pas uniformes. Certains regroupements semblent relever de collections de guildes; d'autres semblent organisés par intention théologique; d'autres encore pourraient refléter des besoins liturgiques pratiques.

Se pose également la question de l'unité. Le Livre des Psaumes doit-il être lu comme un tout cohérent, passant de la lamentation à la louange, ou vaut-il mieux le considérer comme une anthologie où des schémas existent mais ne régissent pas l'ensemble de l'œuvre? Les spécialistes restent divisés. Ceux qui insistent sur la mise en forme éditoriale soutiennent que la séquence raconte une histoire théologique. D'autres mettent en garde contre la diversité des formes qui s'oppose à tout récit global unique. La tension entre unité et anthologie demeure non résolue, et reflète peut-être la richesse du recueil lui-même.

Contextes du Second Temple

Des études récentes ont également exploré les Psaumes en lien avec l'évolution plus large du judaïsme du Second Temple. La découverte de manuscrits de psaumes à Qumrân, notamment d'arrangements alternatifs et de compositions supplémentaires comme le Psaume 151, montre que le recueil était encore fluide au cours des siècles précédant notre ère. Cela suggère que le processus de compilation était en cours et que le Livre des Psaumes émergeait comme une œuvre canonique aux côtés de la Torah et des Prophètes. L'utilisation des psaumes à Qumrân (copiés, adaptés et parfois réécrits) illustre le fonctionnement du recueil comme une tradition vivante, même alors qu'il s'achevait.

Ces découvertes renforcent l'idée que les Psaumes ne furent pas fixés à un moment précis, mais qu'ils se développèrent au fil du temps, façonnés par des choix éditoriaux et des préoccupations théologiques. La forme canonique qui est aujourd'hui au cœur des Bibles juives et chrétiennes représente l'aboutissement de ce processus, mais des traces d'étapes antérieures nous rappellent que le livre était autrefois plus ouvert et diversifié.

Conclusion

L'étude de la structure et de la composition des Psaumes révèle un livre à la fois profondément diversifié et soigneusement organisé. Des poèmes individuels, issus de rituels du temple, de cérémonies royales ou de dévotion privée, ont été regroupés et, au fil du temps, ont formé le recueil quintuple que l'on trouve dans les Bibles juives et chrétiennes. Des suscriptions reliaient de nombreux psaumes à des personnages tels que David, Salomon ou Moïse, leur conférant cohérence et autorité, même si les chercheurs modernes considèrent ces titres comme des notes éditoriales plutôt qu'historiques. La structure éditoriale est manifeste dans la structuration des psaumes, les doxologies récurrentes et le passage de la lamentation et de la crise à l'action de grâce et à la louange.

Les théories de la compilation et les débats universitaires mettent en lumière différentes dimensions de ce processus. Les critiques de la forme ont attiré l'attention sur les contextes cultuels et sociaux de chaque psaume. Les critiques de la rédaction ont mis en avant le travail des éditeurs qui ont donné au livre sa forme théologique. Les interprètes canoniques ont insisté sur l'importance de la forme finale en tant qu'Écriture. Chaque approche a enrichi notre compréhension, même si des désaccords persistent quant au degré d'unité et aux intentions précises des organisateurs du recueil.

Il en résulte un ouvrage à la fois anthologie et livre: un recueil de voix diverses, mais aussi un témoignage structuré de la vie d'Israël devant Dieu à travers les siècles. Après avoir examiné la forme et la constitution du recueil, nous nous penchons maintenant sur son art poétique et ses genres (les formes de lamentation, de louange et d'action de grâce qui confèrent aux Psaumes leur force éternelle).

Chapitre 3
Genres et poésie des Psaumes

L'une des approches les plus fructueuses des chercheurs pour aborder les Psaumes consiste à se demander comment chaque poème s'inscrit dans des catégories de discours reconnaissables. Plutôt que de traiter chaque psaume isolément, les études modernes ont mis l'accent sur des motifs récurrents: lamentations, hymnes, actions de grâces, psaumes royaux, psaumes de sagesse. Ces genres ne sont pas des cadres rigides, mais ils permettent de comprendre le rôle des psaumes dans la vie d'Israël et pourquoi ils ont une résonance durable.

L'étude systématique de ces formes est étroitement associée à Hermann Gunkel, dont les travaux du début du XXe siècle classaient les psaumes selon leurs structures et thèmes caractéristiques. Comme mentionné au chapitre 2, son objectif était d'identifier le "contexte de vie" qui leur donnait naissance, qu'il s'agisse d'une fête, d'une cérémonie royale ou d'une prière individuelle. Des chercheurs ultérieurs, dont Sigmund Mowinckel, ont affiné cette approche en mettant l'accent sur les contextes cultuels et liturgiques. Si rares sont ceux qui aujourd'hui insisteraient autant sur les détails, leur travail pionnier demeure fondamental: l'analyse des genres continue de façonner l'interprétation des Psaumes.

Mais le genre seul ne suffit pas à rendre l'art de ces poèmes. Les psaumes utilisent des techniques poétiques qui les rendent mémorables, puissants et chargés d'émotion. Parallélisme, métaphore, imagerie et même acrostiches alphabétiques structurent et renforcent leur langage. Ces caractéristiques ne se contentent pas d'orner les psaumes; elles façonnent leur sens.

Ce chapitre se déroulera donc en trois étapes. Il présentera d'abord les principaux genres psalmodiques à l'aide d'exemples représentatifs. Ensuite, il mettra en lumière les traits poétiques clés qui caractérisent la poésie hébraïque. Enfin, il se penchera sur des lectures approfondies de psaumes choisis afin de montrer comment genre et art poétique se combinent concrètement.

Genres des Psaumes
Hymnes de louange

Parmi les types de psaumes les plus clairs et les plus reconnaissables figurent les hymnes, des poèmes qui appellent la communauté à louer Dieu et fournissent ensuite des raisons de le faire. Leur structure est souvent simple: une invocation initiale à la louange, une section centrale relatant la grandeur ou les actes de Dieu, et une conclusion, ou doxologie. Le ton est exubérant, mettant l'accent sur la majesté et la bienfaisance de Dieu plutôt que sur les besoins individuels.

Le Psaume 100, parfois appelé "hymne processionnel", en est un exemple classique. Il s'ouvre sur des impératifs qui appellent toute la terre: "Poussez des cris de joie vers l'Éternel, vous tous, habitants de la terre! Adorez l'Éternel avec allégresse; venez en sa présence avec des chants de triomphe" (100,1-2). Le corps du psaume en fournit la justification: Dieu nous a créés, nous lui appartenons, et son amour inébranlable dure à jamais. Le psaume se conclut par une action de grâces aux portes du temple, invitant les fidèles à apporter leur louange dans le sanctuaire même.

D'autres hymnes étendent la portée de la louange à l'univers tout entier. Le Psaume 8 s'émerveille de la création ("Quand je contemple tes cieux, ouvrage de tes doigts, la lune et les étoiles que tu as créées" [8,3]) et réfléchit à la dignité de l'humanité qui y réside. Le Psaume 148 orchestre un chœur encore plus large: soleil, lune, étoiles, monstres marins, montagnes, animaux, rois et peuples sont tous appelés à la louange. Ces psaumes puisent dans l'imagerie du monde naturel pour souligner la souveraineté de Dieu et la portée universelle de l'adoration.

Bien que les hymnes soient dépourvus du sentiment de crise qui domine les lamentations, ils jouent un rôle théologique essentiel. Ils orientent la communauté vers la grandeur de Dieu, rappelant aux fidèles que la louange n'est pas seulement une réponse aux prières exaucées, mais une attitude de vie. En célébrant la création, l'alliance et l'amour éternel, les hymnes expriment la conviction d'Israël que toute existence est fondée sur la louange de YHWH.

Psaumes de lamentation

Aucun genre n'est plus important dans le Livre des Psaumes que la complainte. Environ un tiers des psaumes appartiennent à cette catégorie, ce qui en fait le type le plus répandu. Les lamentations sont des prières exprimées en temps de détresse, exprimant souffrance, protestation et supplication. Loin d'être marginales, elles sont au cœur de la vie de prière d'Israël, témoignant que la foi ne fait pas taire la douleur, mais la porte ouvertement devant Dieu.

La plupart des lamentations suivent une structure reconnaissable. Elles commencent souvent par une invocation, s'adressant directement à Dieu: "Jusqu'à quand, Seigneur? M'oublieras-tu à jamais?" (Psaume 13,1). Vient ensuite la plainte, où le psalmiste expose le problème, qu'il s'agisse de maladie, d'ennemis, de trahison ou d'une crise nationale. Une requête suit, exhortant Dieu à agir: "Sois attentif et réponds-moi, Seigneur mon Dieu!" (Psaume 13,3). De nombreuses lamentations expriment leur confiance, rappelant la fidélité passée de Dieu comme source d'espoir. Elles se terminent souvent par un vœu de louange ou une brève affirmation de confiance: "Je chanterai à l'Éternel, car il m'a fait du bien" (Psaume 13,6). Toutes les lamentations ne comportent pas tous ces éléments, mais le schéma est suffisamment commun pour indiquer une forme liturgique et théologique commune.

Les spécialistes distinguent les lamentations individuelles des lamentations collectives. Les lamentations individuelles, comme le Psaume 13 ou le Psaume 22, expriment la souffrance d'une seule personne. Les lamentations collectives, comme le Psaume 74 ou le Psaume 79, parlent au nom de tout le peuple, souvent en réponse à une catastrophe nationale. Le Psaume 74, par exemple, déplore la destruction du sanctuaire: "Ils ont incendié ton sanctuaire; ils ont profané la demeure de ton nom, la jetant à terre" (74,7). Dans les deux cas, la lamentation est non seulement cathartique, mais aussi théologique: elle présuppose que Dieu se soucie de nous et que le peuple de l'alliance peut tenir Dieu responsable de ses promesses de protection et de délivrance.

L'importance des lamentations a souvent surpris les lecteurs modernes, qui s'attendent à des paroles de réconfort plutôt que de plainte dans les Écritures. Pourtant, leur abondance même montre que, dans la tradition israélienne, la lamentation n'était pas un échec de la foi, mais une expression de celle-ci. S'écrier "Jusqu'à quand?" ou "Pourquoi?" revient à affirmer que Dieu est présent et qu'on peut s'adresser à lui, même lorsque l'action divine semble absente. La lamentation entretient la relation dans les moments où la louange semble impossible.

Certaines lamentations frappent particulièrement par leur honnêteté brute. Le Psaume 88 se termine non pas par un vœu de louange, mais par une obscurité profonde: "Tu as éloigné de moi ami et voisin; mes compagnons sont dans les ténèbres" (88,18). Ces psaumes nous rappellent que l'Écriture accorde une place à la souffrance non résolue. D'autres, comme le Psaume 22, traversent l'angoisse pour retrouver une confiance renouvelée, une trajectoire qui a plus tard façonné la réflexion chrétienne sur la passion de Jésus.

Les lamentations communautaires remplissaient également une fonction liturgique dans la formation de la mémoire collective. En exprimant le chagrin d'une défaite, d'un exil ou d'une destruction, elles permettaient à la communauté d'exprimer sa douleur en présence de Dieu. Elles offraient également un cadre de solidarité: les fidèles partageaient les fardeaux des autres en récitant ces paroles ensemble. La préservation d'un si grand nombre de ces psaumes suggère qu'il ne s'agissait pas d'explosions occasionnelles, mais de ressources essentielles à la vie de prière d'Israël.

De vue théologique, les lamentations soulignent que la relation d'Israël avec Dieu est fondée sur l'alliance et le dialogue. Elles supposent que Dieu entend, qu'on peut le supplier et que l'honnêteté devant Dieu est non seulement permise, mais exigée. En préservant les lamentations aux côtés des hymnes et des actions de grâce, le Livre des Psaumes présente un spectre complet de la foi: non seulement la gratitude et la joie, mais aussi l'angoisse, la protestation et l'espoir.

Psaumes d'action de grâce

Les psaumes d'action de grâce, prières prononcées après une délivrance, sont étroitement liés aux lamentations. Si la lamentation crie "Sauve-moi", l'action de grâce répond: "Tu m'as sauvé." Ces psaumes expriment la gratitude pour la guérison, le sauvetage ou la victoire, et rappellent souvent la détresse dont le psalmiste a été délivré.

Les psaumes d'action de grâce peuvent être individuels ou collectifs. Les actions de grâce individuelles, comme le Psaume 30, expriment une gratitude personnelle: "Seigneur, mon Dieu, je t'ai crié au secours, et tu m'as guéri" (30.2). Ici, le psalmiste revient sur une crise, peut-être la maladie ou une mort imminente, et célèbre l'intervention de Dieu. Le psaume se termine par un engagement à une louange continue: "Tu as changé mon deuil en allégresse... Seigneur, mon Dieu, je te louerai à jamais" (30.11-12).

Les actions de grâces collectives reflètent la délivrance vécue par tout le peuple. Le Psaume 124, par exemple, commémore la délivrance face à une menace militaire: "Si l'Éternel n'avait pas été pour nous... ils nous auraient engloutis vivants" (124,1-3). Le psaume décrit le danger par des métaphores saisissantes (inondations, proie dans les filets d'un chasseur) avant d'affirmer: "Notre secours est dans le nom de l'Éternel, qui a fait les cieux et la terre" (124,8). En évoquant ces souvenirs lors du culte, la communauté a renforcé sa confiance dans la protection constante de Dieu.

Structurellement, les psaumes d'action de grâce partagent plusieurs caractéristiques avec les lamentations (comme le rappel du péril et l'expression de la confiance), mais leur accent diffère. Au lieu de s'ouvrir sur une plainte, ils commencent par une déclaration de louange, puis se prolongent par un souvenir de l'acte salvifique de Dieu et se concluent par une action de grâce renouvelée. Ce faisant, ils transforment ce qui était autrefois un cri de supplication en un chant de gratitude.

D'un point de vue théologique, les psaumes d'action de grâce renforcent la conviction que Dieu n'est pas seulement invoqué dans les moments difficiles, mais reconnu comme source de vie et de restauration. En rappelant les délivrances passées, ils nourrissent la foi en l'avenir: le Dieu qui a secouru autrefois le fera à nouveau. C'est pourquoi les psaumes d'action de grâce sont devenus essentiels au culte d'Israël, garantissant que le souvenir du salut demeure vivant au rythme de la prière.

Psaumes royaux

Un groupe distinct du Livre des Psaumes est centré sur la figure du roi. On les appelle souvent psaumes royaux car ils mettent l'accent sur la monarchie, qu'il s'agisse de célébrer son intronisation, de prier pour la victoire au combat ou de réfléchir à l'alliance avec David. Bien qu'ils ne constituent qu'une petite partie du recueil, leurs thèmes sont importants car ils relient le culte d'Israël à sa vie politique et à son imaginaire théologique.

Certains psaumes royaux semblent avoir été composés pour des occasions particulières de la monarchie. Le Psaume 2, par exemple, dépeint l'intronisation du roi par Dieu à Sion: "J'ai établi mon roi sur Sion, ma montagne sainte" (2,6). Le psaume insiste sur le fait que les nations ne peuvent renverser le souverain oint de Dieu, affirmant à la fois la souveraineté divine et la légitimité du roi d'Israël. De même, le Psaume 72 prie pour le règne d'un souverain juste: "Qu'il défende la cause des pauvres du peuple, qu'il accorde la délivrance aux nécessiteux et qu'il brise l'oppresseur" (72,4). Le roi est envisagé comme le médiateur de la justice et de la bénédiction divines pour le pays. Le Psaume 110, largement cité dans la tradition juive et chrétienne ultérieure, décrit le roi comme à la fois souverain et prêtre, assis à la droite de Dieu et doté d'une autorité durable.

Ces psaumes soulignent la dimension théologique de la royauté en Israël. Le roi n'était pas simplement un chef politique, mais il était censé gouverner au nom de YHWH. Prier pour sa protection ou sa réussite revenait, dans cette perspective, à affirmer le règne de Dieu lui-même à travers la lignée davidique.

Après la chute de la monarchie, les psaumes royaux prirent de nouvelles significations. Dans les contextes post-exiliques, ils pouvaient être interprétés comme des prières pour la restauration ou comme des portraits idéalisés d'une royauté qui n'existait plus en pratique. Dans la tradition juive, ils nourrissaient parfois un espoir messianique: l'attente que Dieu suscite un futur roi issu de la lignée de David. Dans l'interprétation chrétienne, nombre de ces psaumes étaient lus de manière christologique, préfigurant la vie, les souffrances et l'exaltation de Jésus.

Ainsi, les psaumes royaux sont importants non seulement pour leur signification dans la monarchie israélienne, mais aussi pour la manière dont ils ont été réinterprétés. Leur place au sein du Livre des Psaumes garantit que le souvenir de la royauté demeure présent dans la vie de prière d'Israël, même après la disparition de l'institution politique. Ils témoignent de la conviction que le règne humain, dans ses meilleures conditions, était censé refléter la justice divine et anticiper son règne ultime.

Psaumes de sagesse

Un autre groupe reconnaissable du Livre des Psaumes est façonné par les thèmes et le style de la tradition sapientielle d'Israël. Ces psaumes de sagesse font écho à des préoccupations familières dans des livres comme les Proverbes et Job: le contraste entre le juste et le méchant, la valeur de la méditation sur l'enseignement de Dieu et la prospérité éphémère des malfaiteurs. Moins ouvertement liturgiques que les hymnes ou les lamentations, ils fonctionnent davantage comme des réflexions ou des instructions guidant une vie fidèle.

Le Psaume 1 en est l'exemple le plus clair et, à juste titre, ouvre le livre tout entier. Il propose au lecteur deux voies: "Heureux ceux qui [...] trouvent leur plaisir dans la loi de l'Éternel, et qui la méditent jour et nuit. Ils sont comme des arbres plantés près des courants d'eau" (1,1-3). À l'inverse, "les méchants ne sont pas ainsi, mais comme la paille que le vent emporte" (1,4). La forme du psaume est moins une prière qu'une méditation, et son but est d'orienter la quête vers la Torah, fondement de la vie avec Dieu.

D'autres psaumes de sagesse prennent la forme de longues réflexions. Le Psaume 37, par exemple, conseille la patience lorsque les méchants semblent prospérer: "Ne t'irrite pas à cause des méchants... confie-toi en l'Éternel et fais le bien" (37,1, 3). Le psaume se déroule presque comme un recueil de proverbes, offrant des assurances répétées que les justes résisteront tandis que les méchants s'éteindront. De même, le Psaume 49 aborde le problème de la mortalité, mettant en garde contre une confiance mal placée dans la richesse: "Les hommes ne peuvent demeurer dans leur faste; ils sont comme les bêtes qui périssent" (49,12). Ici, la sagesse n'est pas une spéculation abstraite, mais un appel à faire confiance à Dieu au milieu des incertitudes de la vie.

D'un point de vue stylistique, les psaumes de sagesse utilisent souvent des formes pédagogiques (contrastes, proverbes, acrostiches) pour renforcer leur message. Le Psaume 119, le plus long psaume, est une méditation alphabétique sur la Torah, où chaque strophe commence par une lettre successive de l'alphabet hébreu. Sa longueur et sa structure soulignent la plénitude de la dévotion à l'instruction divine.

D'un point de vue théologique, les psaumes de sagesse élargissent la portée du recueil. Tandis que les lamentations et les hymnes naissent de moments particuliers de crise ou de célébration, les psaumes de sagesse abordent une vision à long terme de la vie. Ils rappellent aux lecteurs que le culte ne se limite pas à la prière immédiate, mais vise à forger le caractère, à instaurer des habitudes de confiance et à vivre fidèlement au fil du temps.

La poésie des psaumes
Parallélisme

Un trait distinctif de la poésie biblique est le parallélisme, l'équilibre des vers où le second fait écho au premier, l'intensifie ou le contraste. Ce jeu de vers est la marque de fabrique de la poésie hébraïque, conférant aux psaumes leur rythme, leur cadence et leur mémorabilité. Contrairement aux traditions qui s'appuient sur la rime ou une métrique stricte, l'art réside ici dans la variation et la répétition, dans la manière dont une même pensée est développée sous plusieurs angles.

Robert Lowth, évêque anglican du XVIIIe siècle, fut l'un des premiers à décrire systématiquement le parallélisme, et des chercheurs ultérieurs comme Adèle Berlin et Robert Alter en ont affiné l'analyse. On distingue généralement plusieurs types courants:

Parallélisme synonymique: le deuxième vers reprend le premier avec une variante. "Les cieux racontent la gloire de Dieu, et l'étendue proclame l'ouvrage de ses mains" (Psaume 19,1).

Parallélisme antithétique: le deuxième vers contraste avec le premier, accentuant le propos. "Car l'Éternel connaît la voie des justes, mais la voie des méchants mène à la ruine" (Psaume 1,6).

Parallélisme culminant ou en escalier: le deuxième vers s'appuie sur le premier, faisant avancer la pensée. "Rendez à l'Éternel, familles des peuples, rendez à l'Éternel gloire et force" (Psaume 96,7).

Parallélisme synthétique: le deuxième vers apporte de nouvelles informations, prolongeant la pensée. "La loi de l'Éternel est parfaite, elle restaure l'âme; les décrets de l'Éternel sont véritables, ils rendent sages les simples." (Psaume 19,7).

Ces catégories sont heuristiques plutôt que rigides, et de nombreux versets combinent des caractéristiques. Elles illustrent néanmoins le fonctionnement du parallélisme comme moteur de la versification hébraïque.

Le parallélisme ne se limite pas à façonner le style; il façonne le sens. La répétition permet de renforcer, d'approfondir ou de nuancer les idées. Elle crée un rythme qui facilite la mémorisation et rend les psaumes particulièrement propices à la récitation et au chant. L'équilibre des vers reflète également une conviction théologique: la vérité ne se transmet pas en une seule phrase, mais se déploie par échos et variations. Ainsi, la poésie des psaumes reflète leur sujet, la réalité inépuisable de Dieu, abordée sous différents angles, exprimée par des expressions répétées et pourtant nouvelles.

Métaphore et imagerie

Si le parallélisme structure les psaumes, la métaphore et l'imagerie leur confèrent leur couleur et leur force. Les Psaumes utilisent la métaphore et l'imagerie pour exprimer des concepts théologiques de manière claire et vivante. Au lieu d'exprimer les idées de manière analytique, ils les habillent d'images tirées de la vie quotidienne, de la nature et de l'expérience humaine. Ces images révèlent le Dieu invisible à travers des réalités familières, créant un langage à la fois mémorable et chargé d'émotion.

Certaines des métaphores les plus persistantes décrivent Dieu en termes personnels et relationnels. Dieu est un berger qui guide et protège (Psaume 23,1), une forteresse ou un rocher qui assure la sécurité (Psaume 18,2), un roi intronisé en majesté (Psaume 47,2) ou un juge qui fait respecter la justice (Psaume 75,7). Chaque image capture un aspect du caractère divin, tandis que la variété des métaphores empêche de réduire Dieu à un seul rôle.

Les psaumes font aussi fréquemment appel à des images de la nature. Montagnes, rivières, tempêtes et étoiles deviennent des vecteurs de louange. Le Psaume 29, par exemple, dépeint la voix du Seigneur comme un orage balayant le Liban, brisant des cèdres et projetant des flammes de feu. La création elle-même participe à l'adoration: "Que les fleuves battent des mains! Que les collines chantent ensemble de joie!" (Psaume 98,8). Cette personnification du monde naturel non seulement vivifie la poésie, mais souligne également l'affirmation théologique selon laquelle toute la création répond à son créateur.

Une autre image récurrente dans les psaumes est le Shéol, le royaume des ténèbres des morts. Dans la vision israélite du monde, le Shéol n'était pas un lieu de châtiment ou de récompense, mais le tombeau, le monde souterrain où tous les morts allaient, séparés de la communauté des vivants et de la louange de Dieu. S'écrier: "Car dans la mort, il n'y a plus de souvenir de toi; au Shéol, qui te louera?" (Psaume 6,5) revient à protester contre le glissement de la vie vers le silence et la séparation. Les références à la "remontée du Shéol" (Psaume 30,3) ou au salut de la "Fosse" (Psaume 40,2) utilisent cette image pour décrire la délivrance de la mort ou des expériences de mort imminente. Ces métaphores exprimaient les prières les plus pressantes des psalmistes, exprimant la conviction que la puissance de Dieu s'étendait jusqu'aux portes de la mort.

L'expérience humaine fournit d'autres images, souvent en période de crise. Les ennemis sont comparés à des lions déchirant leur proie (Psaume 7,2), à des inondations submergeant une victime (Psaume 69,1-2) ou à des chasseurs posant des pièges (Psaume 124,7). Ces métaphores traduisent la peur et le danger en images concrètes, permettant aux auditeurs de saisir la profondeur de la détresse et l'urgence de la requête.

La métaphore et l'imagerie contribuent également à l'adaptabilité des Psaumes. Parce qu'ils s'expriment par des images universelles, leurs paroles peuvent résonner au-delà des cultures et des siècles. Un lecteur moderne peut ne pas partager le contexte historique du psalmiste, mais l'appel au refuge dans la tempête ou le réconfort d'un berger restent immédiatement accessibles.

Ainsi, l'imagerie ancre les psaumes dans la vie ancienne et leur permet de voyager bien au-delà.

Son et structure

Si le parallélisme et l'imagerie façonnent le sens des psaumes, leur sonorité et leur structure jouent également un rôle essentiel. Ces poèmes étaient non seulement écrits, mais aussi interprétés (chantés, récités ou accompagnés d'instruments) et leur forme littéraire reflète cette dimension musicale.

Une caractéristique structurelle frappante est l'acrostiche alphabétique, où chaque verset ou strophe commence par une lettre successive de l'alphabet hébreu. Le Psaume 119 en est l'exemple le plus élaboré: 22 strophes, chacune contenant huit vers commençant par la même lettre, s'étendant successivement de l'aleph au taw. L'effet n'est pas seulement ornemental, mais symbolique: le psaume présente la dévotion à la Torah comme une forme globale, englobant toute la gamme du langage humain, de A à Z. Des acrostiches plus courts, comme le Psaume 145, utilisent le même procédé pour structurer le sens et faciliter la mémorisation.

Le son contribue également à la richesse artistique des psaumes. En hébreu, on trouve souvent des allitérations, des assonances et des jeux de mots, des effets subtils qui ne sont pas toujours visibles en traduction. Par exemple, le Psaume 27,1 utilise la répétition de sons similaires pour renforcer son affirmation: "L'Éternel est ma lumière et mon salut; de qui aurais- je crainte? L'Éternel est le soutien de ma vie; de qui aurais-je peur?" La récurrence des sons renforce le ton assuré et assuré du psaume.

D'autres caractéristiques structurelles suggèrent l'interprétation des psaumes lors du culte. Les suscriptions comportent parfois des notations musicales ("d'après La Biche de l'Aurore" [Ps. 22], "avec des instruments à cordes" [Ps. 4]), suggérant que des mélodies ou des instruments particuliers accompagnaient les paroles. L'utilisation fréquente de refrains, comme dans les Psaumes 42-43 ("Pourquoi es-tu abattue, ô mon âme?"), reflète également un modèle liturgique adapté à la récitation collective ou au chant en réponse.

Ensemble, ces éléments nous rappellent que les psaumes n'étaient pas des textes muets, mais des compositions vivantes, conçues pour l'oreille autant que pour l'œil. Leur structure les rendait mémorables; leurs sonorités leur conféraient une grande puissance d'interprétation. Même aujourd'hui, à la lecture, des traces de cette qualité musicale subsistent, entraînant le lecteur dans le rythme du culte des premiers Israélites.

Lectures rapprochées représentatives

L'étude du genre et de la technique poétique devient plus claire lorsqu'elle est appliquée à des psaumes individuels. Les exemples suivants illustrent comment forme et art s'articulent dans la pratique, passant de la lamentation à la confiance, de la louange à la réflexion.

Psaume 100: Un hymne de louange joyeuse

Le Psaume 100 est un exemple bref mais puissant de cantique, entraînant la communauté dans une adoration exubérante. Long de seulement cinq versets, il illustre les caractéristiques classiques du genre: un appel initial à la louange, les raisons de cette louange et une affirmation finale du caractère de Dieu.

Le psaume s'ouvre par un appel puissant: "Poussez des cris de joie vers l'Éternel, vous tous, habitants de la terre! Adorez l'Éternel avec allégresse, venez à sa rencontre avec allégresse!" (100,1–2). Les impératifs s'accumulent rapidement, et le parallélisme renforce l'appel, chaque vers intensifiant l'appel à l'adoration joyeuse. La portée s'étend au-delà d'Israël, à "toute la terre", soulignant la portée universelle de la souveraineté de Dieu.

Le milieu du psaume justifie cette louange: "Sachez que l'Éternel est Dieu. C'est lui qui nous a créés, et nous sommes à lui; nous sommes son peuple, les brebis de son pâturage." (100,3). Ici, les métaphores de la royauté divine et de la pastorale se conjuguent. Dieu est à la fois créateur et berger, établissant à la fois autorité et intimité.

Le psaume conclut en fondant l'adoration sur le caractère éternel de Dieu: "Car l'Éternel est bon; sa bonté dure à toujours, et sa fidélité de génération en génération." (100,5). Le terme hébreu *ḥesed* (amour constant ou fidélité à l'alliance) ancre la louange non pas dans une émotion passagère, mais dans la constance de la relation de Dieu avec son peuple.

Le Psaume 100 illustre le rôle des hymnes dans le culte d'Israël: ils convoquent, rappellent et célèbrent. Sa forme concise distille l'essence de la louange, orientant les fidèles vers la gratitude et la confiance. L'équilibre du psaume entre portée universelle, images personnelles, structure parallèle et assurance de l'alliance montre comment un hymne pouvait rassembler la communauté et placer sa vie devant Dieu dans un chant joyeux.

Psaume 13: Un cri de lamentation

Le Psaume 13 est l'un des exemples les plus clairs de lamentation individuelle. En seulement six versets, il présente la structure commune à de nombreuses lamentations: plainte, supplication, confiance et louange.

Le texte s'ouvre par le cri répété: "Jusqu'à quand, Seigneur?" (13,1-2). Cette répétition quadruple traduit la profondeur de l'angoisse (combien de temps oublié, combien de temps caché, combien de temps dans la tourmente, combien de temps opprimé par les ennemis). Ici, des vers parallèles intensifient la plainte, chaque variation ajoutant du poids au sentiment d'abandon du psalmiste.

Le psaume se tourne ensuite vers la supplication: "Éternel, mon Dieu, réfléchis et réponds-moi; éclaire mes yeux, de peur que je ne m'endorme du sommeil de la mort" (13,3). L'association de "réfléchis et réponds" illustre un parallélisme synonyme, renforçant l'urgence de la supplication. L'image de la lumière déclinante évoque le danger de la mortalité, pressant le désespoir d'une intervention divine.

Pourtant, avant même que la crise ne soit résolue, le psaume change de direction: "Mais je me suis confié en ta bonté" (13,5). Cette soudaine expression de confiance est caractéristique des lamentations. La confiance n'efface pas la douleur, mais elle réoriente la prière vers l'espoir fondé sur la fidélité de Dieu à son alliance.

Le vœu de clôture conclut le mouvement: "Je chanterai à l'Éternel, car il m'a fait du bien" (13,6). Les propositions parallèles (chanter à cause de la générosité de Dieu) soulignent que la louange ne naît pas d'un changement de situation, mais de la foi en la nature de Dieu.

Le Psaume 13 démontre ainsi comment la forme de la lamentation permet l'honnêteté et la protestation tout en affirmant la foi. Sa brièveté accentue le contraste entre angoisse et confiance, et ses vers parallèles soulignent comment la répétition et la variation confèrent une force poétique à la prière. Le culte d'Israël laissait place au désespoir et à l'espoir, exprimés ensemble dans un même court psaume.

Psaume 30: Un chant de délivrance et d'action de grâce

Le Psaume 30 est un exemple clair de psaume d'action de grâce individuelle, exprimant la gratitude après la délivrance. La suscription le relie à la consécration du temple, bien que son contenu reflète une expérience personnelle plutôt que communautaire. Sa structure illustre le schéma typique de l'action de grâce: une déclaration de louange initiale, un souvenir du péril et du sauvetage, et un engagement renouvelé à la louange.

Le psaume commence ainsi: "Je t'exalte, ô Éternel! Car tu m'as relevé, et tu n'as pas permis à mes ennemis de se réjouir à mon sujet" (30,1). Le terme "relevé" suggère un sauvetage d'une mort imminente, que le psalmiste développe: "Ô Éternel, tu as fait remonter mon âme du séjour des morts, tu m'as rendu la vie parmi ceux qui étaient descendus dans la fosse" (30,3). L'imagerie évoque ici la délivrance du seuil de la tombe, que ce soit par la guérison d'une maladie ou par le sauvetage d'un danger mortel.

À mi-chemin, le psaume s'adresse à la communauté: "Chantez l'Éternel, vous ses fidèles" (30,4). La gratitude devient contagieuse, entraînant les autres dans l'acte de louange. Le contraste bien connu: "Les pleurs peuvent persister la nuit, mais la joie vient au matin" (30,5) saisit poétiquement le passage de la détresse à la guérison.

Le psaume se termine par une action de grâce renouvelée: "Tu as changé mon deuil en

danse; tu as ôté mon sac et tu m'as revêtu de joie"
(30,11). L'image du vêtement souligne la
transformation totale du deuil en célébration. Le
dernier verset engage le psalmiste à une gratitude
éternelle: "Seigneur, mon Dieu, je te louerai à
jamais" (30,12).

Le Psaume 30 illustre ainsi comment les
psaumes d'action de grâce transforment le
souvenir du péril en témoignage de l'action
salvatrice de Dieu. Son passage du danger à la
délivrance, puis à la louange, illustre le rythme de
la foi d'Israël: non seulement crier dans la détresse,
mais se souvenir de rendre grâce lorsque le secours
arrive.

Psaume 72: Un idéal de royauté

Le Psaume 72 est un parfait exemple de
psaume royal, exprimant l'espoir d'un règne juste
et prospère. Bien que sa suscription soit associée à
Salomon, ce psaume fonctionne moins comme un
témoignage historique que comme une vision
idéalisée de la royauté. Il illustre comment les
psaumes royaux mêlent prière, théologie et poésie
pour exprimer la conception qu'Israël avait de la
monarchie.

Le psaume commence par une supplication:
"Donnez au roi votre justice, ô Dieu, et à un fils de
roi votre droiture" (72,1). Ce premier vers montre
déjà un parallélisme à l'œuvre, la seconde phrase
intensifiant la première. Justice et droiture sont

associées et constituent les qualités déterminantes du règne du roi.

Le corps du psaume se déploie en une série de métaphores et d'images qui illustrent les bienfaits d'un leadership juste. Le roi est comparé à une pluie rafraîchissante: "Qu'il soit comme la pluie qui tombe sur l'herbe coupée, comme des ondées qui arrosent la terre" (72,6). Cette imagerie agricole évoque la fécondité, l'abondance et un renouveau vivifiant. Des lignes parallèles s'accumulent pour élargir la portée de son règne: d'un océan à l'autre, du Fleuve jusqu'aux extrémités de la terre (72,8). Cette vision universelle contraste avec les réalités locales de la monarchie d'Israël, transformant le psaume en une déclaration théologique de ce que devrait être la royauté sous le règne de Dieu.

Le psaume culmine dans une doxologie: "Béni soit l'Éternel, le Dieu d'Israël, qui seul accomplit des prodiges" (72,18). En concluant non pas par une louange du roi, mais par celle de Dieu, le psaume inscrit la monarchie humaine dans la souveraineté divine.

Le Psaume 72 illustre le rôle des psaumes royaux, tant liturgiquement que théologiquement. Ils priaient pour le règne du roi, célébraient ses bienfaits et rappelaient à Israël que la véritable royauté reflète la justice divine. Par le parallélisme, la métaphore et une imagerie foisonnante, le Psaume 72 élève la vision de la monarchie au rang d'idéal durable, que les lecteurs ultérieurs, juifs comme chrétiens, ont interprété de manière messianique et eschatologique.

Psaume 23: Sagesse et confiance dans le berger

Le Psaume 23 est l'un des psaumes les plus connus et les plus appréciés. Il illustre comment sagesse et confiance convergent sous une forme poétique. Plutôt que d'implorer la délivrance, il exprime une confiance sereine dans la protection constante de Dieu. Son attrait constant réside dans la simplicité de ses métaphores et le rythme régulier de ses vers parallèles.

Le psaume s'ouvre sur une image déterminante: "L'Éternel est mon berger, je ne manquerai de rien" (23,1). Cette métaphore du berger évoque la provision, la direction et la protection. Elle fait écho à la vie quotidienne de l'ancien Israël, où le rôle du berger était de conduire et de défendre le troupeau. L'image est développée en deux vers parallèles: "Il me fait reposer dans de verts pâturages; il me conduit près des eaux paisibles" (23,2). La répétition amplifie l'image de la paix et établit le rythme de la confiance.

Au fil du psaume, le berger devient protecteur: "Même si je marche dans la vallée la plus sombre, je ne crains aucun mal; car tu es avec moi; ta houlette et ton bâton me rassurent." (23,4). Ici, le parallélisme renforce le réconfort: la peur est contrée par la présence divine, et le danger est neutralisé par les outils de défense du berger.

Dans les derniers versets, l'imagerie passe du champ à la maison: "Tu prépares une table devant moi… tu oins d'huile ma tête; ma coupe déborde" (23,5). Le berger est aussi hôte, transformant la menace en hospitalité. Le psaume se termine par l'assurance d'une appartenance à vie: "J'habiterai dans la maison de l'Éternel toute ma vie" (23,6).

Le Psaume 23 démontre que les psaumes de sagesse offrent plus qu'une simple instruction; ils façonnent une perspective de confiance. Par la métaphore, le parallélisme et un passage du pâturage au banquet, il dépeint la vie vécue en présence de Dieu comme sûre, abondante et durable.

Conclusion

L'étude des genres et de l'écriture poétique révèle que les Psaumes sont des prières soigneusement élaborées, exprimant le culte d'Israël dans toute sa diversité. Ils suivent des schémas reconnaissables: hymnes invitant la création à la louange, lamentations accompagnées de cris et de supplications, actions de grâces rappelant la délivrance, psaumes royaux envisageant la royauté sous Dieu, et psaumes de sagesse enseignant la voie de la justice. Ces catégories, bien que non rigides, nous aident à comprendre comment les Psaumes s'enracinent dans la vie communautaire et personnelle d'Israël, abordant les moments de crise, de célébration et de réflexion.

Parallèlement, la puissance des psaumes réside dans leur art poétique. Le parallélisme non seulement donne rythme et équilibre, mais transmet aussi sens et émotion, permettant à une pensée unique de se déployer, de s'intensifier ou de contraster de manière mémorable. La métaphore et l'imagerie traduisent les idées théologiques en images vivantes, ancrant la foi dans le langage de la vie quotidienne et de la création. Acrostiches, refrains et jeux sonores apportent ordre et résonance, façonnant les psaumes pour la mémorisation, la récitation et le chant. La combinaison d'un genre reconnaissable et d'une technique poétique riche explique pourquoi ces textes ont pu traverser les générations et les cultures.

Cette ampleur n'est pas seulement littéraire, mais théologique. Les genres et la poésie façonnent la manière dont les Psaumes parlent de Dieu, du monde et de la vie humaine. Le chapitre suivant abordera plus directement ces thèmes théologiques, explorant comment les Psaumes imaginent Dieu comme créateur, roi et refuge, et comment ils expriment la confiance, la protestation et l'espoir.

Chapitre 4
Thèmes théologiques

Les Psaumes ne constituent pas un système théologique, mais un témoignage de foi vécue. Ils parlent de Dieu, du monde et de l'expérience humaine non pas par des propositions, mais par la prière, le chant et la poésie. Dans leur langage, la théologie est autant ressentie que réfléchie, exprimée par la confiance et la peur, la joie et le désespoir, la gratitude et la colère. À travers leurs 150 poèmes, les Psaumes explorent ce que signifie vivre devant Dieu en toutes circonstances.

Au cœur de cette théologie se trouve la conviction que YHWH est roi, créateur, soutien et juge du monde. Pourtant, cette conviction ne s'exprime pas de manière abstraite, mais à travers des images de domination, de refuge et de relation. Dieu est un berger qui guide, une forteresse qui abrite, un souverain qui règne sur les nations et la nature. Ces affirmations, cependant, cohabitent avec des cris d'absence et de protestation. Ce même recueil qui célèbre la puissance divine implore aussi l'aide d'un Dieu qui semble caché ou silencieux.

La théologie des Psaumes est donc profondément relationnelle, marquée par la tension entre la fidélité divine et la souffrance humaine. Elle exprime la gratitude pour la création et l'alliance, mais aussi l'angoisse face à l'injustice et à la perte. Certains psaumes expriment une colère féroce et un désir de vengeance, notamment ceux écrits pendant ou après l'exil à Babylone, lorsque Jérusalem était en ruines et son peuple déplacé. Les passages qui appellent à la violence contre les ennemis (comme dans les Psaumes 58 et 137) ne sont pas des idéaux moraux, mais des expressions de traumatisme et de protestation, où le désir de justice prend sa forme la plus viscérale.

Ces prières reposent sur une vision du monde ancienne. La mort était imaginée non pas comme une entrée au paradis ou en enfer, mais comme une descente au shéol (le royaume ténébreux du silence). L'espoir étant lié à cette vie, l'urgence de la justice divine était immédiate. Les Psaumes révèlent ainsi une théologie qui embrasse à la fois l'exaltation et l'indignation, affirmant que chaque émotion humaine peut devenir une forme d'appel à Dieu.

Ce chapitre explore cette portée théologique. Il commence par la description que font les Psaumes de Dieu comme roi, créateur et refuge; il aborde ensuite la réponse humaine par la lamentation, la confiance et la protestation; et conclut par leur vision de la Torah, de l'alliance et de la royauté comme fondements de la foi.

Dieu comme Roi, Créateur et Refuge

Parmi les thèmes théologiques les plus omniprésents dans les Psaumes figure la conviction que YHWH règne. Dieu n'est pas une divinité lointaine, mais le souverain dont le règne s'étend sur la création, l'histoire et le destin des nations. Cette royauté n'est pas une doctrine abstraite, mais une réalité vécue: elle est chantée, célébrée et parfois invoquée avec insistance. Les psalmistes parlent de Dieu comme trônant au-dessus des flots (Ps 29,10), comme roi de toute la terre (Ps 47,7) et comme celui dont le royaume est éternel (Ps 145,13). La domination divine est donc à la fois cosmique et morale; elle ordonne le monde naturel et garantit la justice aux opprimés.

Les psaumes dits "d'intronisation" (Ps 93, 96-99) illustrent cette théologie. Chacun proclame, à sa manière, le refrain "Le Seigneur est roi!" Ces psaumes trouvent probablement leur origine dans des contextes liturgiques où la royauté de Dieu était affirmée rituellement, peut-être lors des fêtes du temple. Le Psaume 93 s'ouvre avec une simplicité majestueuse: "Le Seigneur est roi, il est revêtu de majesté; le Seigneur est revêtu, il est ceint de force" (93, 1). Les vers parallèles reflètent la stabilité qu'ils décrivent; Dieu est "revêtu", puis "ceint", chaque répétition renforçant l'image d'une puissance inébranlable. Le psaume poursuit en contrastant la force divine avec le chaos des mers: "Les flots ont soulevé, ô Seigneur, les flots soulèvent leur mugissement" (93, 3). Les eaux, souvent symboles de désordre, sont apaisées par la voix du roi intronisé.

Cette représentation de Dieu comme souverain cosmique relie théologie et cosmologie. Dans l'ancien Proche-Orient, la création n'était pas conçue comme un événement ponctuel, mais comme le maintien permanent de l'ordre face au chaos. En affirmant que "le monde est solidement établi, il ne sera jamais ébranlé" (93,1b), le psalmiste déclare que le règne de Dieu soutient l'existence elle-même. La même idée apparaît dans le Psaume 96, où la stabilité de la création fonde l'appel à la louange universelle: "Que les cieux se réjouissent, et que la terre soit dans l'allégresse! […] car il vient juger la terre!" (96,11, 13). Ici, la royauté divine implique une responsabilité morale; le Dieu qui gouverne la création la gouverne aussi avec justice.

Le thème de Dieu créateur, célébré dans des psaumes tels que les 8, 19 et 104, est étroitement lié. Le Psaume 8 s'émerveille de la place de l'humanité au sein de la création: "Quand je contemple tes cieux, ouvrage de tes doigts, … qu'est-ce que l'homme, pour que tu te souviennes d'eux?" (8,3-4). L'imagerie de l'artisan divin (les "doigts" de Dieu façonnant le cosmos) traduit la majesté en termes intimes et tactiles. Le Psaume 19, quant à lui, unit création et révélation: "Les cieux racontent la gloire de Dieu, et le firmament proclame l'ouvrage de ses mains" (19,1). Ce parallélisme renforce l'idée que la nature elle-même fonctionne comme témoignage; le jour et la nuit deviennent parole. Dans le Psaume 104, le thème se développe en un hymne panoramique à l'ordre écologique: Dieu fixe des limites aux mers, nourrit les créatures et renouvelle la face de la terre. La théologie du psalmiste n'est donc pas spéculative (elle est observationnelle); la foi naît de l'expérience d'un monde vivant de la présence divine.

La royauté divine et la théologie de la création convergent dans le thème du refuge. Le Dieu qui règne sur le cosmos est aussi celui qui abrite les individus. Le Psaume 46 capture cette tension dynamique entre bouleversements cosmiques et sécurité personnelle: "Dieu est notre refuge et notre force, un secours qui ne manque jamais dans la détresse. C'est pourquoi nous ne craindrons rien, même si la terre est bouleversée." (46,1-2). Ce parallélisme relie stabilité cosmique et psychologique: même si la terre chancelle, Dieu demeure inébranlable. Le Psaume 91 développe plus pleinement la métaphore de la protection: "Il te couvrira de ses plumes, et tu trouveras un refuge sous ses ailes." (91,4). L'imagerie des ailes et de l'ombre transforme le pouvoir royal en intimité, suggérant que la souveraineté divine s'exprime non pas par la domination, mais par la sollicitude.

Ce langage du refuge s'étend également à la communauté. Le Psaume 18 dépeint Dieu comme "mon rocher, ma forteresse et mon libérateur", métaphores tirées du paysage israélien, fait de falaises et de forteresses. Pourtant, ce même psaume célèbre la victoire au combat, reliant la protection divine à la survie nationale. De telles juxtapositions révèlent la capacité des Psaumes à osciller entre expérience personnelle et expérience collective. Le Dieu qui sauve l'individu est aussi le défenseur du peuple.

Des interprètes modernes tels que Walter Brueggemann et Patrick D. Miller ont souligné que la royauté divine dans les Psaumes est à la fois politique et théologique. Proclamer "Le Seigneur règne" revenait à défier les puissances rivales, qu'il s'agisse de divinités cananéennes ou de souverains impériaux. En exil et après l'exil, cette affirmation devint un acte d'espoir: lorsque la royauté terrestre avait échoué, seul le règne de Dieu subsistait. Le langage du règne et du refuge était ainsi porteur d'une force à la fois subversive et dévotionnelle.

Parallèlement, les Psaumes décrivent la royauté comme une relation plutôt qu'une hiérarchie. La souveraineté de Dieu est intimement liée à la loyauté envers l'alliance (ḥesed) et à la fidélité (ʾĕmet). Ces qualités, célébrées dans des hymnes comme le Psaume 100 ("Son amour est éternel"), révèlent que le règne divin est fondé sur la fiabilité. Le roi de la création est aussi le gardien des promesses. Cette tension entre majesté et miséricorde sous-tend la théologie des Psaumes: la puissance sans fidélité inspirerait la peur, mais l'amour inébranlable transforme la souveraineté en sécurité.

L'imagerie de Dieu comme créateur, roi et refuge forme ainsi une triade imbriquée. La création établit l'étendue du pouvoir divin; la royauté articule sa gouvernance; le refuge exprime sa proximité. Chaque métaphore transforme les autres. Appeler Dieu créateur, c'est confesser sa dépendance; appeler Dieu roi, c'est affirmer l'ordre et la justice; appeler Dieu refuge, c'est faire l'expérience personnelle de cet ordre. Ensemble, elles expriment une vision du monde moralement et théologiquement cohérente, un monde où la souveraineté divine n'est pas distante, mais porteuse.

Pourtant, les Psaumes ne dépeignent pas cet ordre comme ininterrompu. Les psaumes mêmes qui affirment la royauté de Dieu crient aussi lorsque cette royauté semble absente ou injuste. La section suivante aborde l'aspect humain du dialogue: le langage de lamentation, de confiance et de protestation par lequel Israël a lutté contre le silence divin et le problème de la souffrance.

Lamentations, confiance et protestations humaines

Si les Psaumes proclament la royauté de Dieu et son ordre créateur, ils témoignent aussi de moments où cet ordre semble s'effondrer. La lamentation est le pendant humain de la souveraineté divine, le langage de la foi exprimé lorsque Dieu semble absent. Loin d'être marginale, elle constitue la catégorie la plus importante du Psautier. Ces prières d'angoisse, de peur et de frustration révèlent une théologie de la relation: Israël ne se tait pas dans la souffrance, mais dirige sa douleur vers Dieu.

Comme mentionné précédemment, une lamentation typique suit un schéma reconnaissable. Elle commence par une plainte ("Jusqu'à quand, Seigneur?"), se poursuit par une supplication ("Délivre-moi de mes ennemis"), inclut souvent une confession de confiance et se conclut par un vœu de louange. Ce passage de la détresse à l'espoir (bien que pas toujours complet) montre que la lamentation est elle-même un acte de foi. Se plaindre, c'est présumer que Dieu écoute. Comme l'a observé Claus Westermann, la lamentation est "un pont entre le désespoir et la louange", tenant le fidèle dans un équilibre entre honnêteté et espoir.

Le Psaume 22 illustre ce paradoxe. Il s'ouvre sur un cri qui résonne à travers les siècles: "Mon Dieu, mon Dieu, pourquoi m'as-tu abandonné?" (22,1). La répétition de "mon Dieu" exprime à la fois l'aliénation et l'intimité, une relation éprouvée mais non rompue. Le psaume alterne entre plainte ("Je crie le jour, mais tu ne réponds pas") et souvenir d'une fidélité passée ("Nos ancêtres se confiaient en toi"). Cette oscillation incarne ce que Walter Brueggemann appelle la désorientation: une foi disloquée par la souffrance, mais toujours orientée vers Dieu. À la fin du psaume, la confiance renaît: "Tu m'as délivré des cornes des bœufs sauvages" (22,21). La lamentation devient ainsi une forme de réalisme théologique, refusant le déni mais résistant au désespoir.

Certaines lamentations, cependant, ne se résolvent pas en louanges. Le Psaume 88 se termine sans consolation: "Tu as éloigné ami et prochain de moi; mes compagnons sont dans les ténèbres" (88,18). L'hébreu dit littéralement: "Les ténèbres sont mes plus proches amis." Cette conclusion brutale est sans équivalent dans la littérature religieuse ancienne. Pourtant, son inclusion dans le canon affirme que même le silence de Dieu peut être présenté à Dieu. De tels psaumes révèlent la profondeur de l'honnêteté de la foi: être fidèle ne signifie pas toujours être réconforté, mais continuer à parler dans l'obscurité.

La théologie de la lamentation s'intensifie dans les psaumes imprécatoires, où la détresse se mue en colère et l'appel à l'aide en appel à la vengeance. Ces textes (par exemple, les Psaumes 35, 58, 69, 109 et 137) comptent parmi les plus troublants de la Bible. Ils appellent Dieu à agir violemment contre ses ennemis: "Brisez-leur les dents dans la bouche, ô Dieu!" (58,6); "Heureux ceux qui prennent tes petits enfants et les écrasent contre le rocher!" (137,9). Pris isolément, ces vers sont choquants. Pourtant, dans leur contexte historique, ils expriment l'univers moral et émotionnel d'un peuple qui a subi une perte dévastatrice.

Le Psaume 137, écrit au lendemain de la destruction de Jérusalem et de l'exil à Babylone, exprime l'amertume des déplacés: "Au bord des fleuves de Babylone, nous étions assis et pleurions, en nous souvenant de Sion" (137,1). Le psaume débute par le chagrin, traverse le souvenir et s'achève par la rage. Son ultime désir de vengeance n'est pas un commandement, mais un cri venant de la blessure du traumatisme. La fureur du psalmiste est autant théologique qu'émotionnelle: si YHWH est juste, alors les oppresseurs doivent rendre des comptes. Dans un monde dépourvu de doctrine développée de l'au-delà, la justice devait s'exercer au cours de l'histoire; la vengeance était la seule forme imaginable de réparation. Ces versets reflètent donc la conviction ancestrale selon laquelle la royauté divine implique un ordre moral et la douleur de croire en cet ordre lorsqu'il semble violé.

Les lecteurs modernes sont souvent réticents à un tel langage, mais les psaumes imprécatoires remplissent une fonction durable. Ils expriment une indignation qui, autrement, pourrait se tourner vers l'intérieur ou exploser de manière destructrice. En dirigeant sa colère vers Dieu, le psalmiste reconnaît la souveraineté divine, même dans la fureur. Selon la théologienne Ellen Davis, les Psaumes encouragent ainsi une forme de "protestation fidèle" en permettant aux fidèles d'exprimer leur indignation morale dans leur prière, les invitant à intégrer toutes leurs expériences (même les plus difficiles et les plus complexes) à leur rencontre avec Dieu.

La lamentation est également intimement liée à la conception psalmiste de la vie et de la mort.

Dans la vision israélite antique, la mort n'était pas l'annihilation, mais l'entrée au shéol, un royaume ténébreux où l'existence se poursuivait sans conscience ni louange. "Car dans la mort, il n'y a plus de souvenir de toi; au shéol, qui te louera?" (Psaume 6,5). Puisque les morts ne pouvaient adorer, la lamentation pour la délivrance revêtait une urgence existentielle: être sauvé, c'était demeurer dans la sphère de la vie et de la relation avec Dieu. L'appel du psalmiste ne vise donc pas seulement à la sécurité, mais aussi à la communion afin de demeurer dans le royaume de la présence divine.

Cette théologie de la lamentation et de la mortalité façonne également le langage de la confiance. La confiance du psalmiste n'est pas un optimisme naïf, mais une foi provocatrice au cœur de l'incertitude. Le Psaume 23 exprime cette assurance tranquille: "Même si je marche dans la vallée la plus sombre, je ne crains aucun mal, car tu es avec moi." Ici, le parallélisme renforce la conviction: la peur est neutralisée non par les circonstances, mais par la compagnie. De même, le Psaume 62 déclare: "C'est en Dieu seul que mon âme espère en silence; de lui vient mon salut." (62,1). Le silence, qui dans d'autres psaumes signale l'absence divine, devient ici un acte de confiance.

Le cadre influent de Brueggemann, fondé sur l'orientation, la désorientation et la réorientation, contribue à décrire ce mouvement théologique. Les psaumes d'orientation expriment la gratitude pour l'ordre et la bénédiction; les psaumes de désorientation confrontent la souffrance et l'injustice; les psaumes de réorientation célèbrent le renouveau après une crise. Ce modèle n'est pas linéaire mais cyclique, reflétant le rythme de la foi elle-même. La persistance de la lamentation dans le recueil garantit que la désorientation n'est jamais complètement surmontée; la louange porte toujours le souvenir de la douleur.

Pris ensemble, les Psaumes de lamentation, de confiance et de protestation forment une théologie de la relation. Ils insistent sur le fait que la foi ne suffoque pas l'émotion, mais la sanctifie. Se lamenter, c'est croire que la relation avec Dieu perdure même dans la colère; protester, c'est espérer que Dieu demeure juste; faire confiance, c'est se reposer dans cette attente malgré son atermoiement. Les Psaumes illustrent ainsi une spiritualité où l'honnêteté et l'espoir forment une tension créatrice.

Au cours de la longue histoire de l'interprétation, ces psaumes ont souvent été adoucis ou allégorisés, leurs cris transformés en métaphores de la lutte spirituelle. Pourtant, leur crudité demeure essentielle. Ils rappellent aux lecteurs que la justice divine, pour l'ancien Israël, n'était pas confiée à un autre monde, mais recherchée dans celui-ci, dans l'espace fragile et risqué de l'histoire humaine. En préservant ces voix, le Livre des Psaumes garantit que la prière ne se détache jamais de l'expérience. Le même recueil qui proclame "Le Seigneur règne" ose aussi demander: "Pourquoi caches-tu ton visage?" (Psaume 44,24).

La section suivante se tourne vers les fondements théologiques qui soutiennent ce dialogue et les thèmes de la Torah, de l'alliance et de la royauté qui sous-tendent la confiance d'Israël en un Dieu qui à la fois commande et accompagne.

Torah, Alliance et Royauté

Derrière la diversité des émotions et des formes poétiques des Psaumes se cache une conviction unificatrice: la vie avec Dieu est régie par l'alliance et guidée par la Torah. Ces deux idées (alliance et Torah) constituent l'architecture théologique sur laquelle reposent le culte et l'identité d'Israël. Les Psaumes y reviennent constamment, que ce soit dans la célébration explicite de la Loi ou dans l'hypothèse plus discrète que la relation avec Dieu est fondamentalement fondée sur l'alliance.

Dans les Psaumes, la Torah ne se réfère pas simplement à un enseignement juridique, mais à un enseignement divin, un guide pour une vie juste, en harmonie avec les desseins de Dieu. Le psaume d'ouverture donne le ton: "Heureux ceux qui [...] trouvent leur plaisir dans la loi de l'Éternel, et qui la méditent jour et nuit" (Psaume 1,1-2). Cette vision empreinte de sagesse présente la Torah à la fois comme chemin et comme délice, source de stabilité et de fécondité. L'image de l'arbre "planté près des ruisseaux" (1,3) contraste avec la vie stable du fidèle et la fugacité du méchant. Le psaume introduit l'ensemble du recueil comme un chemin d'instruction: prier, c'est aussi apprendre.

Le Psaume 19 approfondit cette théologie en associant création et révélation. Après son hymne d'ouverture aux cieux ("Les cieux racontent la gloire de Dieu"), le psaume se tourne brusquement vers la Torah: "La loi de l'Éternel est parfaite, elle restaure l'âme" (19,7). Ce rapprochement suggère que l'ordre divin se révèle à la fois dans la nature et dans les Écritures; le monde et la parole témoignent ensemble du Créateur. Les lignes parallèles qui décrivent la Torah ("Les préceptes de l'Éternel sont droits, ils réjouissent le cœur; le commandement de l'Éternel est clair, il éclaire les yeux") lient clarté morale, joie et vitalité. L'obéissance n'est pas ici un fardeau, mais un renouveau.

Le Psaume 119, le plus long du recueil, est une méditation soutenue sur ce thème. Sa structure acrostiche (vingt-deux strophes suivant l'alphabet hébreu) évoque la totalité: chaque lettre, chaque aspect de la vie, est ordonné par l'instruction divine. Le langage du psaume est intime et émotionnel: "Ta parole est une lampe à mes pieds et une lumière sur mon sentier" (119, 105). La Torah n'est pas un simple recueil de commandements, mais un moyen de rencontre. Réciter, se souvenir et observer la loi devient un acte de dévotion.

Le thème de l'alliance, la relation indéfectible et réciproque de Dieu avec Israël, est étroitement lié à la Torah. Le terme hébreu *ḥesed,* souvent traduit par "amour indéfectible" ou "fidélité à l'alliance", apparaît tout au long des Psaumes. Il décrit l'engagement durable de Dieu envers son peuple et, par conséquent, la fidélité attendue en retour. Le Psaume 136 répète le refrain "car son amour est éternel" vingt-six fois, transformant la théologie en liturgie. Chaque acte de création et de rédemption est conçu comme une expression de l'amour de l'alliance. La répétition elle-même accomplit la foi qu'elle proclame, une confiance renouvelée par le souvenir.

L'alliance fonde également les supplications d'Israël sur les lamentations. Les psalmistes en appellent à la *ḥesed* de Dieu précisément lorsque la fidélité divine semble remise en question: "Selon ta bonté, souviens-toi de moi" (Ps 25,7). Il ne s'agit pas d'un marchandage, mais d'une invocation d'identité: si Dieu est celui qu'il a révélé, alors la miséricorde doit suivre. Les Psaumes transforment ainsi la théologie en dialogue. L'alliance n'élimine pas la possibilité du doute; elle fournit le langage par lequel le doute peut être exprimé.

Le troisième courant théologique, étroitement lié à la Torah et à l'alliance, est la royauté, à la fois divine et humaine. Des psaumes royaux tels que 2, 72, 89 et 110 explorent ce thème sous de multiples angles. Dans l'ancien Israël, la royauté représentait plus que l'autorité politique;

elle symbolisait la médiation du règne de Dieu sur terre. Le Psaume 2 présente le roi comme l'oint de Dieu: "Tu es mon fils; aujourd'hui je t'ai engendré" (2, 7). Ce langage filial reflète l'alliance entre YHWH et la lignée de David (2 S 7, 14) et, par extension, entre Dieu et la nation. Le psaume affirme la souveraineté divine à travers la royauté humaine, mais cette relation est tendue, comme en témoignent les psaumes ultérieurs.

Le Psaume 72 offre une vision du règne idéal: "Qu'il défende la cause du pauvre, qu'il accorde la délivrance au nécessiteux et qu'il écrase l'oppresseur" (72,4). Ici, la royauté est définie par la justice, et non par la conquête. Le roi idéal incarne les attributs divins de droiture et de compassion. Pourtant, la position de ce psaume à la fin du Livre II, suivie de la note "Les prières de David, fils de Jessé, sont terminées", laisse entrevoir une certaine désillusion. L'idéal demeure, mais l'histoire n'a pas su le concrétiser.

Le Psaume 89 donne à cet échec son expression la plus poignante. Il rappelle l'alliance avec David ("J'établirai ta descendance pour toujours" [89,4]) pour ensuite déplorer son apparent effondrement: "Tu as rompu l'alliance avec ton serviteur" (89,39). Le psaume oscille entre mémoire et protestation, théologie et histoire. La royauté divine est affirmée, mais la royauté humaine vacille. La réponse, dans les psaumes suivants, est une réorientation: l'attention se déplace du trône davidique vers le règne éternel de Dieu.

Cette transition reflète une évolution théologique majeure au sein du recueil. Au lendemain de l'exil, une fois la monarchie disparue, les psalmistes ont réimaginé la royauté comme appartenant exclusivement à Dieu. Le refrain "Le Seigneur règne" des Psaumes 93-99 transforme la perte en confession: même sans roi humain, la relation d'alliance d'Israël perdure, car la royauté divine demeure inébranlable. L'effondrement du pouvoir politique devient ainsi le contexte d'une vision théologique renouvelée.

Prises ensemble, la Torah, l'alliance et la royauté forment une triade cohérente. La Torah révèle la volonté de Dieu; l'alliance établit la relation; la royauté établit le pouvoir et la justice. Chacune dépend des autres. Sans Torah, l'alliance manque de direction; sans alliance, la royauté devient tyrannie; sans royauté, la Torah et l'alliance perdent leur portée historique. À travers ces thèmes entrelacés, les Psaumes articulent une théologie à la fois morale et relationnelle, qui lie l'autorité divine à la fidélité et la responsabilité humaine à la louange.

Les interprètes modernes décrivent souvent les Psaumes comme une "théologie priée". Cela est particulièrement évident ici. Les psalmistes ne raisonnent pas sur l'alliance; ils la rappellent en chantant. Ils ne définissent pas la Torah; ils la méditent avec délice. Ils ne théorisent pas la royauté; ils implorent le roi qui entend. Il en résulte une théologie en mouvement, une théologie où la croyance est vécue, questionnée et renouvelée par le culte.

L'intégration de ces thèmes explique également la force durable des Psaumes. Ils s'adressent aux communautés et aux individus en quête d'ordre face au changement, de justice face à l'échec et de fidélité face à l'exil. Leur théologie ne repose pas sur la certitude, mais sur la relation dont on se souvient. À travers la Torah, l'alliance et la royauté, les Psaumes affirment que l'instruction divine, l'amour inébranlable et le règne légitime ne sont pas des doctrines abstraites, mais le moyen par lequel Israël (et plus tard, ses lecteurs) trouve leur place dans l'histoire de Dieu.

La section suivante rassemblera ces fils en conclusion, en considérant comment la vision théologique des Psaumes maintient la diversité et la cohérence dans un équilibre créatif, et comment leurs prières continuent de façonner l'imagination théologique à travers les traditions.

Conclusion

La théologie des Psaumes résiste à la simplification. À travers leurs multiples voix et contextes, ils expriment une foi à la fois confiante et interrogative, festive et blessée. Ce qui les unit n'est pas une doctrine uniforme, mais une relation, la conviction que la vie humaine, dans toute sa complexité, se déploie devant Dieu. Les psalmistes s'adressent à Dieu comme roi, créateur et refuge; ils crient aussi lorsque ce même Dieu semble silencieux. Ce faisant, ils modèlent une foi relationnelle plutôt que systématique, dynamique plutôt que résolue.

La théologie des Psaumes est nourrie par la mémoire: celle de l'ordre de la création, celle de la promesse de l'alliance, celle des instructions de la Torah. Ces souvenirs permettent aussi bien la louange que la protestation. Lorsque les psalmistes célèbrent la royauté divine, ils le font au cœur d'une histoire d'exil et de renouveau. Lorsqu'ils invoquent l'amour inébranlable de Dieu (ḥesed), c'est parce qu'ils ont connu à la fois sa présence et son absence. Lorsqu'ils méditent sur la Torah, ils affirment que la volonté divine n'est pas cachée dans l'abstraction, mais inscrite dans la vie quotidienne.

Cette cohérence théologique naît du dialogue. Les Psaumes ne parlent pas tant de Dieu qu'ils s'adressent à Dieu. Leur théologie n'est pas imposée de l'extérieur, mais se découvre dans le dialogue entre souffrance et espérance, justice et miséricorde, silence et chant. Ainsi, les Psaumes offrent une carte de la théologie vécue: une théologie qui va de l'orientation à la désorientation, puis au renouveau, sans effacer aucune étape du chemin.

Il en ressort une vision de la foi qui n'est ni naïve ni désespérée, une théologie chantée, priée et argumentée. Le chapitre suivant passe de la théologie à la pratique, explorant comment ces prières anciennes ont façonné le culte et la dévotion quotidienne dans la vie juive et chrétienne à travers les siècles.

Chapitre 5
Les Psaumes dans le culte et la vie quotidienne

Le Livre des Psaumes n'est pas seulement lu; il est chanté, récité et vécu. Depuis leur première utilisation dans le temple d'Israël jusqu'à leur présence continue dans les synagogues et les églises, les Psaumes ont servi de vocabulaire du culte. Ils expriment la louange et la protestation, la confession et l'action de grâce, devenant le langage commun par lequel les communautés s'adressent à Dieu depuis plus de deux millénaires. La théologie, dans les Psaumes, n'a jamais été destinée à rester abstraite. Elle a trouvé sa place dans la liturgie, dans le chant public et la prière personnelle.

Dans l'Israël antique, les Psaumes faisaient partie intégrante des rythmes du culte. Nombre d'entre eux étaient composés pour des interprétations cultuelles, accompagnées d'instruments, de chœurs ou de processions. Des inscriptions telles que "au chef de chœur" ou "pour la dédicace du temple" suggèrent leur rôle dans un rituel organisé. Les fréquentes références des psalmistes à "la maison de l'Éternel", aux offrandes et aux fêtes situent ces textes dans un monde où musique et sacrifice étaient des actes de dévotion indissociables. Pourtant, même lorsque le culte au temple disparut après l'exil babylonien, puis après la destruction du Second Temple en 70 apr. J.-C., les Psaumes survécurent. Ils firent preuve d'une remarquable adaptabilité, passant du paysage sonore du sanctuaire aux prières orales du foyer et de la synagogue.

Dans la tradition juive, les Psaumes sont devenus le cadre de la prière quotidienne. Récités lors des offices du matin et du soir, ils ont façonné le rythme spirituel de la vie. Certains psaumes (comme le 145, connu sous le nom d'*Ashrei)* sont devenus des éléments fixes de la liturgie, tandis que d'autres ont été choisis pour des occasions ou des besoins particuliers. Leur adaptabilité leur a permis de remplir de multiples fonctions: chant, méditation, lamentation ou protection. Les paroles du psalmiste sont devenues celles de la communauté.

Dans la tradition chrétienne, les Psaumes constituaient également l'épine dorsale du culte. Cités tout au long du Nouveau Testament et chantés lors des premières assemblées, ils sont devenus le fondement de la prière monastique, la source du chant médiéval et la source des hymnes de la Réforme. Au fil des siècles et des confessions, les Psaumes ont façonné non seulement la manière dont les gens prient, mais aussi leur conception de la foi elle-même.

Ce chapitre retrace cette histoire de continuité et de changement: des racines des Psaumes dans la vie cultuelle d'Israël à leur réinvention à la synagogue, à l'église et dans la dévotion privée. Ce faisant, il explore comment ces poèmes sont restés des paroles vivantes, façonnant les cœurs autant que les croyances, et liant les générations dans un rythme commun de culte et de réflexion.

Les Psaumes dans le culte israélite antique

Les origines des Psaumes sont profondément liées à la vie cultuelle de l'Israël antique. Avant d'être rassemblés en un livre, nombre de ces poèmes étaient composés pour être interprétés publiquement dans le sanctuaire du Temple. Les Psaumes n'étaient pas de simples méditations personnelles adaptées ultérieurement au culte; ils étaient, dans bien des cas, le produit du culte, façonnés par les sons, les gestes et les symboles du rituel du temple. Les lire, c'est entendre la liturgie d'une foi vivante, avec des chants, des sacrifices offerts, des instruments joués et la communauté rassemblée devant son Dieu.

Le Temple comme centre de culte

Au cœur de ce monde se dressait le temple de Jérusalem, point central de l'identité religieuse et politique d'Israël. Les Psaumes font fréquemment référence à "la maison de l'Éternel", à "sa sainte montagne" ou aux "parvis de notre Dieu" (Ps 24,3; 65,4; 84,2). Il ne s'agit pas de métaphores, mais de références à un cadre concret, le complexe monumental dont la tradition attribue la construction à Salomon, puis sa reconstruction après l'exil. Le temple était conçu comme le lieu de rencontre entre le ciel et la terre, la demeure de la présence divine (*šekinah*) parmi le peuple. Il était à la fois sanctuaire et scène, un lieu où la communauté manifestait sa relation avec YHWH par le rituel, le sacrifice et le chant.

Dans ce contexte, le culte était multisensoriel. Le son des trompettes, des cymbales, des lyres et des harpes accompagnait les sacrifices; l'odeur des offrandes brûlées se mêlait à l'encens; les processions parcouraient les cours du temple. Les Psaumes reflètent ce paysage sensoriel. Le Psaume 150 appelle au "son de la trompette", au "luth et à la harpe" et au "savoureux fracas des cymbales", un crescendo d'instruments symbolisant la louange totale. Le Psaume 68 représente Dieu "chevauchant les nuages", tandis que chanteurs et musiciens mènent la procession vers le sanctuaire. Ces descriptions ne sont pas seulement des ornements poétiques, mais reflètent la réalité du culte.

La fumée montante des sacrifices ajoutait une dimension sensorielle supplémentaire. Les textes lévitiques décrivent l'holocauste comme dégageant "une agréable odeur à l'Éternel" (Lév. 1,9), expression récurrente dans les écrits sacerdotaux. Pour Israël, il ne s'agissait pas de nourrir un dieu, mais d'un signe d'acceptation divine, le parfum symbolisant l'élévation de l'offrande et la relation restaurée de l'adorateur avec Dieu. Les Psaumes font écho à cette image lorsqu'ils parlent de prières s'élevant "comme l'encens" devant Dieu (Ps. 141:2), alliant le physique et le spirituel en un seul acte de dévotion.

Musique, chœurs et rôles liturgiques

La vie musicale du temple était assurée par des corporations professionnelles de chanteurs et de musiciens, souvent désignés dans les suscriptions des Psaumes comme les "fils de Koré" ou "Asaph". Les Chroniques et d'autres sources bibliques décrivent ces groupes comme le personnel héréditaire du temple, organisé pour interpréter les psaumes lors des sacrifices et des fêtes (1 Chroniques 15-16, 25). Les chœurs alternaient peut-être en antiphonaire, donnant naissance au parallélisme et aux modèles d'appels-réponses caractéristiques des Psaumes. L'expression "au chef de chœur" (*lamnatsēaḥ*), présente dans de nombreuses rubriques, suggère à la fois un directeur musical et une liturgie organisée.

Une telle interprétation structurée souligne que le culte d'Israël n'était pas spontané, mais ritualisé. Certains psaumes semblent avoir été liés à des occasions particulières: liturgies d'entrée pour les pèlerins approchant du sanctuaire (Ps. 24), offrandes de remerciement pour la délivrance (Ps. 116), cérémonies d'intronisation royale (Ps. 2, 72, 110) ou fêtes célébrant la royauté divine (Ps. 93, 96-99). Chaque contexte façonnait le sens du texte, inscrivant les mots dans des gestes, des sacrifices et une participation communautaire.

Sacrifice et louange

Au cœur du culte d'Israël se trouvait l'offrande de sacrifices (holocaustes, offrandes de céréales, sacrifices de paix et sacrifices pour le péché), prescrite par la Torah comme moyen de maintenir l'alliance. Les Psaumes présupposent ce monde, mais réfléchissent aussi à sa signification. Le sacrifice n'était pas une transaction mécanique, mais une expression symbolique de dévotion, d'action de grâce ou d'expiation. Le Psaume 50 saisit cette tension avec une clarté saisissante. Dieu dit: "Je n'accepterai ni taureau de ta maison, ni bouc de tes enclos. ... Offre à Dieu un sacrifice d'action de grâce, et accomplis tes vœux envers le Très-Haut" (50,9, 14). Le rituel est ici affirmé, mais réinterprété: la véritable offrande est gratitude et obéissance.

Cette redéfinition du sacrifice est récurrente tout au long du recueil. Le Psaume 51, traditionnellement lié à la repentance de David, plaide: "Tu ne prends pas plaisir au sacrifice; [...] Le sacrifice que Dieu accepte, c'est un esprit brisé" (51, 16-17). Le psaume ne rejette pas le système cultuel, mais l'intériorise, déplaçant l'accent du rituel extérieur vers la disposition intérieure. Cette réinterprétation reflète probablement une réflexion post-exilique, lorsque le temple fut détruit et le culte sacrificiel interrompu. Les Psaumes préservent ainsi à la fois le souvenir du sacrifice et sa transformation en prière.

Néanmoins, à l'époque du Premier Temple (environ 960-586 av. J.-C.), le sacrifice demeurait central. Il structurait les rythmes quotidiens du culte, avec des offrandes matinales et vespérales accompagnées de musique et de psalmodie (cf. Psaume 141,2). Lors des grandes fêtes, l'ampleur s'intensifiait: à Pessah (commémorant la délivrance d'Israël d'Égypte), à la Fête des Semaines (marquant les premières récoltes et associée plus tard au don de la Torah) et à la Fête des Tabernacles (célébrant le voyage dans le désert et la providence divine), de grands chœurs et ensembles instrumentaux interprétaient des psaumes tandis que les pèlerins se rassemblaient de tout le pays. Le Psaume 84 traduit le désir du pèlerin: "Mon âme soupire, elle languit après les parvis de l'Éternel; … Heureux ceux qui habitent ta maison, chantant sans cesse tes louanges" (84,2, 4).

La rencontre de la liturgie et de la théologie

Dans le culte du temple, l'adoration n'était pas seulement un acte humain, mais une reconstitution de l'ordre divin. Lorsque la communauté chantait la royauté de Dieu ou sa création, elle affirmait que la stabilité du monde dépendait de sa souveraineté renouvelée par la louange. Le temple fonctionnait ainsi comme un microcosme de la création, où la musique et le sacrifice maintenaient l'harmonie entre le ciel et la terre. Cette théologie sous-tend de nombreux psaumes d'intronisation et d'action de grâce, où l'imagerie cosmique se mêle au langage rituel. Louer Dieu, c'était participer au maintien du monde.

Le lien étroit entre sacrifice et chant a également façonné la conception israélienne de l'expiation et de l'action de grâce. Lors de la *todah* (offrande de remerciement), une personne délivrée du danger apportait une offrande animale ou céréalière, accompagnée d'un témoignage public de gratitude, ce qui est probablement le contexte de nombreux psaumes d'action de grâce (comme le Psaume 30 ou 116). Le récit du sauvetage de la personne s'inscrivait dans le culte communautaire, intégrant l'expérience personnelle à la mémoire nationale.

Au fil du temps, cette fusion du rituel et de la poésie a permis aux Psaumes de transcender le temple lui-même. Lorsque le sacrifice physique n'était plus possible, la récitation des psaumes s'en est substituée. La prière était décrite comme "les veaux de nos lèvres" (Osée 14,2), comme une offrande de paroles à la place d'animaux. Cette spiritualisation du sacrifice a assuré la survie du culte d'Israël au-delà de la destruction du temple.

Du culte au canon

La préservation des Psaumes sous forme écrite reflète cette transition de la performance à l'Écriture. Ce qui était autrefois chanté lors de moments liturgiques précis a finalement été rassemblé, édité et canonisé comme témoignage durable du culte d'Israël. Le passage de l'oral à l'écrit, du cultuel aux canoniques, n'a pas diminué leur vitalité; il l'a au contraire prolongée. Les Psaumes ont continué à fonctionner comme liturgie vivante, d'abord au Second Temple, puis à la synagogue et, plus tard, à l'église.

Cette histoire nous rappelle que les Psaumes sont à la fois poésie et mémoire rituelle. Ils portent la trace des instruments, des sacrifices et des processions qui leur ont donné vie. Leur langage d'offrande et de louange, des cours du temple et de la colline sacrée, n'est pas une métaphore, mais le vestige d'un monde où la théologie était chantée, non parlée.

La section suivante explorera comment cette théologie chantée a été réimaginée dans la pratique juive ultérieure, alors que les Psaumes passaient du sanctuaire à la synagogue et du sacrifice à la prière parlée, devenant l'épine dorsale de la liturgie juive et de la dévotion quotidienne.

Les Psaumes dans la prière et la tradition juives

Lors de la destruction du temple de Jérusalem en 586 av. J.-C., le culte d'Israël traversa une crise profonde. Le centre du sacrifice, de la musique et du pèlerinage avait disparu, et avec lui le cadre public où une grande partie de l'interprétation originale des Psaumes était pratiquée. Pourtant, loin de disparaître, l'usage des

Psaumes s'adapta. Leur caractère poétique et musical les rendait portables; on pouvait les réciter n'importe où. En exil et après, ils devinrent le pont entre le rituel du temple et la vie naissante de la synagogue.

Du Temple à la Synagogue

Durant l'exil babylonien et les siècles qui suivirent, les Psaumes furent progressivement recontextualisés pour un monde sans sacrifice. La prière et l'étude de la Torah remplacèrent les offrandes, et la récitation des psaumes devint un acte de dévotion majeur. La synagogue, qui était à l'origine une assemblée de lecture et de prière, s'inspirait largement du langage psalmique pour façonner sa liturgie. De nombreux psaumes qui accompagnaient autrefois les actes rituels étaient désormais récités comme des prières à part entière.

Durant la période du Second Temple (516 av. J.-C. – 70 apr. J.-C.), le chant et la récitation des psaumes étaient devenus partie intégrante du culte juif. Josèphe décrit les chœurs lévitiques continuant de se produire au temple, tandis que d'autres communautés (notamment en *diaspora*) adoptaient la lecture des psaumes comme substitut à la participation directe aux rites du temple. Les manuscrits de la mer Morte, en particulier le *Rouleau des Psaumes* (11QPs [a]), montrent que les Psaumes étaient copiés, réorganisés et complétés de manière à refléter un usage liturgique actif. Pour des groupes comme la communauté de Qumrân, les Psaumes étaient non seulement des Écritures, mais aussi un modèle pour la composition de nouveaux hymnes. Cette réutilisation créative témoigne de l'importance du livre dans l'imaginaire religieux juif.

Les Psaumes dans le cycle quotidien de prière

Au fil du temps, des psaumes spécifiques ont été rattachés à des moments de prière réguliers. Les récitations du matin et du soir s'appuyaient sur des textes évoquant l'aube et la tombée de la nuit (par exemple, Psaumes 3, 4, 5, 63, 91). Le Psaume 92, intitulé "pour le jour du sabbat", était chanté chaque semaine au temple, puis intégré à la liturgie du sabbat à la synagogue, une pratique qui perdure encore aujourd'hui dans le culte juif. La récitation des psaumes structurait ainsi le temps, rythmant chaque jour et chaque semaine par un langage de louange, de confiance et de souvenir.

Parmi les exemples les plus marquants figure le Psaume 145, connu sous le premier mot, *Ashrei* ("Heureux sont-ils…"). Cet acrostiche de louange, exaltant la bonté et la compassion de Dieu, est devenu un élément constant des prières du matin et de l'après-midi. Son dernier verset, "Le Seigneur est proche de tous ceux qui l'invoquent en vérité" (145, 18), résume la théologie qui a rendu la prière psalmique indispensable: la proximité avec Dieu ne dépendait plus du temple, mais de l'invocation de son nom.

Un autre groupe liturgique majeur est le Hallel (Psaumes 113-118), récité lors des grandes fêtes de pèlerinage de Pessah, des Semaines et des Tabernacles, puis à Hanoukka et à la nouvelle lune. Ces psaumes célèbrent la délivrance d'Israël par Dieu, passant du souvenir de l'Exode à l'action de grâce pour sa protection continue. Leurs appels répétés à l'*allélou-Yah* ("louez le Seigneur") en faisaient un texte idéal pour le chant communautaire et demeurent parmi les textes de prière juifs les plus connus.

Psaumes de protection, de guérison et de piété personnelle

Au-delà du culte public, les Psaumes faisaient également partie intégrante de la dévotion personnelle. Leur forme poétique, leur brièveté et leur portée émotionnelle les rendaient propices à la récitation privée en cas de besoin. Certains psaumes étaient associés à des objectifs précis: le Psaume 91 pour la protection contre le danger, le Psaume 121 pour les voyages, le Psaume 30 pour la guérison et le Psaume 51 pour le repentir. Des manuscrits, des amulettes et des inscriptions de la fin du Second Temple et des premières périodes rabbiniques montrent que les psaumes étaient parfois écrits ou portés comme des textes protecteurs, un usage apotropaïque (c'est-à-dire pour se protéger du danger) qui brouillait la frontière entre prière et talisman.

La littérature rabbinique témoigne de cette souplesse dévotionnelle. Le Talmud recense des psaumes utilisés pour réconforter les malades et les endeuillés, et le Midrash sur les Psaumes (*Midrash Tehillim*) les interprète comme un enseignement moral et théologique. Les Psaumes sont ainsi devenus à la fois livre de prières et enseignant, façonnant non seulement le rituel, mais aussi la réflexion éthique. L'idéal rabbinique de *la kavanah*, l'intention sincère dans la prière, résonnait avec l'adresse directe et personnelle des psalmistes à Dieu.

Les psaumes et la formation du Siddur

Avec le développement de la liturgie juive, notamment après la destruction du Second Temple en 70 de notre ère, des psaumes ont été intégrés au siddour (livre de prières) naissant. Les Psaumes fournissaient le vocabulaire des bénédictions, des doxologies et des hymnes tout au long de l'office. Le Psaume 95 ouvre la liturgie de la Kabbalat Shabbat ("Accueillir le Shabbat"); les Psaumes 145 à 150 constituent le point culminant de l'office du matin; et des versets des Psaumes apparaissent dans l'Amidah et le Kaddish. Leur langage de louange et de confiance offrait le cadre d'une approche structurée de Dieu.

À cette époque, la théologie des Psaumes connut une subtile évolution. Là où le culte au temple mettait l'accent sur la présence divine en un seul lieu, la récitation à la synagogue mettait l'accent sur l'accessibilité de Dieu en tout lieu. Les paroles du psalmiste devinrent un moyen d'entrer dans le temps sacré plutôt que dans l'espace sacré. La récitation était elle-même une forme d'offrande, un "sacrifice des lèvres" (Osée 14,2).

Mémoire, identité et exil

La pérennité des Psaumes dans la vie juive doit beaucoup à leur rôle de soutien identitaire lors des déplacements. En exil, la récitation des Psaumes entretenait le souvenir de Sion et l'espoir d'une restauration. Le Psaume 137, qui se lamente: "Comment chanterions-nous le cantique du Seigneur en terre étrangère?" (137,4), devint paradoxalement le chant des exilés. Sa préservation au sein du canon garantissait que l'expérience de la perte devienne partie intégrante du culte. Par leur répétition, les Psaumes transformaient la mémoire en rituel, un moyen de maintenir la foi vivante à travers les siècles de dispersion.

Les Psaumes comme Écriture vivante

À la fin de l'Antiquité, les Psaumes occupaient une place unique dans la tradition juive: ils étaient à la fois la partie des Écritures la plus fréquemment récitée et la plus profondément intériorisée. Leur langage poétique les rendait adaptables à de nouveaux contextes; leur ampleur théologique leur permettait d'exprimer toutes les conditions humaines. Ils étaient chantés collectivement à la synagogue, murmurés en privé à la maison et étudiés comme instruction morale. Peu d'autres textes bibliques ont combiné ces fonctions avec autant d'aisance.

La pérennité des Psaumes réside dans cette fusion du public et du personnel, de la forme fixe et du sens spontané. Ils sont devenus le cœur de la prière juive, non pas parce qu'ils offraient une certitude doctrinale, mais parce qu'ils fournissaient des mots pour chaque circonstance (gratitude et chagrin, joie et protestation, désir et paix). Grâce à eux, des générations de fidèles ont appris à parler à Dieu en continuité avec la voix de leurs ancêtres.

La section suivante se tourne vers la tradition chrétienne, où les Psaumes sont également devenus fondamentaux: traduits, chantés et réinterprétés dans la prière monastique, le chant médiéval et le chant de la Réforme. Si les contextes ont évolué, la conviction est restée la même: ces poèmes anciens pouvaient encore exprimer la foi.

Les Psaumes dans le culte et la dévotion chrétienne

Les Psaumes sont entrés dans la tradition chrétienne à la fois comme Écritures et comme prière vivante. Les premiers chrétiens, étant juifs, les connaissaient déjà par cœur et les utilisaient dans leur culte. Le Nouveau Testament lui-même cite ou fait allusion aux Psaumes plus que tout autre livre de la Bible hébraïque, les interprétant à la lumière de la vie, de la mort et de la résurrection de Jésus. Dès lors, les Psaumes sont devenus le cœur du culte chrétien, façonnant sa prière, sa théologie et sa musique pendant près de deux millénaires.

Les Psaumes dans le Nouveau Testament et l'Église primitive

Pour les premiers chrétiens, les Psaumes n'étaient pas remplacés par de nouvelles compositions, mais relus dans un esprit prophétique et christologique. Le cri de Jésus sur la croix: "Mon Dieu, mon Dieu, pourquoi m'as-tu abandonné?" (Marc 15,34; Matthieu 27,46) cite le Psaume 22, identifiant sa souffrance à la lamentation du psalmiste. L'Église primitive interprétait ces moments comme des accomplissements des Écritures: le juste souffrant des Psaumes préfigurait le Christ crucifié. De même, le Psaume 110 ("Le Seigneur a dit à mon Seigneur: Assieds-toi à ma droite...'"") était lu comme une anticipation de l'exaltation du Christ.

Le livre des Actes dépeint les apôtres priant en langage psalmique et citant les Psaumes pour interpréter les événements. La trahison de Judas, par exemple, est retracée dans le Psaume 69 ("Que sa demeure devienne déserte!", 69,25), où le cri du psalmiste contre la trahison est réinterprété comme prophétique. Pour l'Église primitive, ces citations confirmaient que même les actes de trahison et de perte s'inscrivaient dans le plan divin, transformant la lamentation en révélation (Actes

1,20). De même, l'épître aux Hébreux fonde une grande partie de son argumentation sur des citations psalmiques, citant des passages tels que le Psaume 2 ("Tu es mon Fils; aujourd'hui je t'ai engendré") et le Psaume 110 ("Tu es prêtre pour toujours, selon l'ordre de Melchisédek") pour présenter Jésus à la fois comme Fils divin et Grand Prêtre éternel. Cette utilisation des Psaumes montre à quel point ce recueil avait profondément marqué l'imaginaire et la théologie chrétiennes primitives. Les Psaumes ont fourni un vocabulaire pour le culte, la théologie et la mission, une ressource scripturaire déjà adaptée à la fois à la louange et à la souffrance.

Les *Enarrationes in Psalmos* d'Augustin les interprètent comme la voix du Christ et de l'Église, le Christ priant en ses membres, l'Église priant en Christ. Cette double lecture a permis aux chrétiens de revendiquer une continuité avec les Écritures d'Israël tout en y trouvant un sens nouveau.

Le Psautier monastique

L'expression la plus durable de l'engagement chrétien envers les Psaumes est venue du mouvement monastique. Au IVe siècle, alors que des communautés monastiques se formaient en Égypte et au Proche-Orient, la récitation des psaumes devint leur discipline centrale. Les Psaumes étaient non seulement chantés, mais mémorisés; ils rythmaient la journée et structuraient la vie spirituelle.

La Règle de saint Benoît (vers 530 apr. J.-C.) codifia cette pratique pour le monachisme occidental. Benoît prescrivait la récitation hebdomadaire du Psautier en entier, un rythme exigeant qui façonna la spiritualité monastique pendant des siècles. Les Psaumes devinrent ainsi la prière continue de l'Église, résonnant dans les cloîtres jour et nuit. Chacune des heures canoniques (Matines, Laudes, Prime, Tierce, Sexte, None, Vêpres et Complies) était ancrée dans la psalmodie. La répétition des Psaumes n'était pas une récitation mécanique, mais une discipline de formation: par une exposition constante, les moines intériorisaient l'Écriture jusqu'à ce qu'elle façonne leur vie intérieure et leur langage.

Dans ce contexte monastique, les Psaumes étaient vécus à la fois comme Écriture et comme chant. Ils étaient chantés en latin, souvent selon les modes musicaux qui ont donné naissance au chant grégorien. La mélodie fluide du chant, suivant le rythme de la poésie hébraïque, permettait au texte d'être à la fois intelligible et méditatif. Cette fusion de la musique et de l'Écriture a donné naissance à une forme distincte d'art chrétien, alliant réflexion théologique et dévotion esthétique.

Traditions médiévales et vernaculaires

Tout au long du Moyen Âge, les Psaumes sont restés l'épine dorsale de la liturgie de l'Église. Chaque messe comportait des éléments psalmiques: l'Introït (le chant d'entrée), le Graduel (un psaume chanté entre les lectures) et l'Offertoire (chanté lors de la présentation des offrandes) étaient tous tirés de textes psalmiques. L'Office divin quotidien (le cycle de prières récitées à heures fixes tout au long de la journée) s'articulait également autour de leur récitation continue. Les psautiers enluminés, manuscrits richement décorés contenant le texte des Psaumes, souvent accompagnés de commentaires, de notations musicales et d'illustrations miniatures, sont devenus des livres de dévotion prisés, utilisés par les moines comme par les laïcs pour la prière et la méditation.

Les Psaumes ont également façonné la théologie et l'imaginaire chrétiens. Les auteurs médiévaux ont puisé dans l'imagerie psalmique pour exprimer le désir de Dieu, la lutte contre le péché et l'espoir de la rédemption. Le Psaume 42 ("Comme le cerf soupire après les ruisseaux") a inspiré une réflexion mystique sur le désir d'union divine. Le Psaume 51, le grand psaume pénitentiel, est devenu central dans la pratique confessionnelle et la dévotion du Carême.

Avec la diffusion de l'alphabétisation, les Psaumes furent parmi les premiers textes bibliques traduits pour la prière privée. En Angleterre, *le Livre d'Heures* s'ouvrait généralement par les "Sept Psaumes de Pénitence" (6, 32, 38, 51, 102, 130, 143), qui guidaient les lecteurs dans la confession et le repentir. Ainsi, le langage psalmique entra dans la langue vernaculaire bien avant que les traductions complètes de la Bible ne soient disponibles.

La Réforme et la psalmodie vernaculaire

Le XVIe siècle marque une nouvelle étape dans l'histoire chrétienne des Psaumes. Des réformateurs comme Martin Luther et Jean Calvin maintiennent les Psaumes au cœur du culte, tout en exigeant qu'ils soient chantés dans la langue du peuple. Luther, qui qualifiait les Psaumes de "petite Bible", en produisit des paraphrases allemandes et en mit plusieurs en musique. Le *Psautier de Genève de Calvin* (1562) fournit des traductions métriques des 150 psaumes pour le chant en assemblée, avec des mélodies simples accessibles aux fidèles ordinaires.

Cette psalmodie vernaculaire a profondément marqué la dévotion protestante. Dans la tradition réformée, des congrégations entières chantaient les Psaumes chaque semaine; dans les contextes luthériens, les paraphrases de psaumes comptaient parmi les premiers cantiques. La première édition du *Livre de prières communes anglican* (1549) a organisé les Psaumes pour une récitation mensuelle, garantissant ainsi à chaque paroissien de les écouter régulièrement. Grâce à ces traductions et à ces mises en musique, les Psaumes sont devenus partie intégrante du tissu culturel et linguistique de l'Europe.

Les Psaumes comme prière personnelle

Parallèlement à la liturgie publique, les Psaumes nourrissaient la dévotion privée. Dans les monastères, les cathédrales et les foyers, chacun se tournait vers les Psaumes comme compagnons de prière. Leur palette d'émotions, lamentations, joie, confiance, colère et espoir, exprimait la complexité de la foi. L'observation d'Augustin selon laquelle "le psalmiste parle pour nous tous" a trouvé un profond écho.

Cet usage personnel des Psaumes a perduré au-delà des clivages confessionnels. Mystiques catholiques, réformateurs protestants et, plus tard, piétistes, y ont tous trouvé des mots pour exprimer leur intimité avec Dieu. La confiance du Psaume 23, la repentance du Psaume 51 et l'assurance du Psaume 121 étaient récitées en cas de besoin. Les Psaumes ont également fourni un langage pour la mort et le décès: les manuels de prière médiévaux et de la Réforme prescrivaient des psaumes spécifiques pour les malades et les mourants, affirmant ainsi la continuité entre le culte communautaire et individuel.

Les Psaumes comme pont entre les traditions

Au fil des siècles, les Psaumes ont servi de pont entre les cultes juif et chrétien. Les deux traditions lisent et chantent les mêmes textes, mais avec des interprétations et des expressions musicales différentes. Dans les deux cas, les Psaumes rythment la prière quotidienne et expriment toute la diversité des réponses humaines à Dieu. Cet héritage commun a souvent été un terrain de rencontre pour le dialogue interreligieux, rappelant qu'avant les divisions théologiques, il existait un langage commun de louange et de lamentation.

La pérennité des Psaumes dans le culte chrétien réside donc non seulement dans leur ancienneté, mais aussi dans leur adaptabilité. Qu'ils soient chantés en latin, mis en rimes pour le chant de l'assemblée ou priés silencieusement en traduction, ils continuent d'exprimer le cœur du culte: la rencontre de la voix humaine et de la présence divine. À travers des siècles d'évolution théologique, ils sont restés le recueil de chants de l'Église, non pas une relique du passé, mais un rythme vivant de la foi.

Dévotion privée et mémorisation

Si le temple fut le lieu originel des Psaumes, et la synagogue et l'église leur espace public, leur ultime sphère d'influence a été le cœur privé. Tout au long de l'histoire juive et chrétienne, les Psaumes ont non seulement été récités lors du culte communautaire, mais aussi intériorisés par la mémorisation et utilisés comme compagnons de solitude, d'étude et de contemplation. Leur portabilité (linguistique, émotionnelle et théologique) leur a permis de transcender les contextes et les circonstances, trouvant ainsi leur place dans le rythme de la vie quotidienne.

Les Psaumes à la Maison

Dès les premiers temps, la récitation des psaumes s'est intégrée aux pratiques familiales. Dans la tradition juive, les familles récitaient des psaumes ensemble lors des repas, des sabbats et des fêtes. Le Hallel (Psaumes 113-118) était chanté dans les foyers pendant la Pâque, et les psaumes de l'ascension (Psaumes 120-134) accompagnaient les pèlerinages à Jérusalem. Cette intégration des Écritures et de la vie quotidienne faisait des Psaumes non seulement des textes de culte, mais aussi un langage identitaire, un langage qui façonnait le rythme de l'expérience quotidienne.

Le cadre familial devint également une école de la mémoire. Les enfants apprenaient les psaumes dans le cadre de leur instruction religieuse précoce, apprenant non seulement les paroles, mais aussi les attitudes de révérence et de confiance qu'ils transmettaient. La littérature rabbinique rapporte que les jeunes élèves commençaient leur éducation par le Lévitique et les Psaumes, car ces textes étaient des symboles de pureté et de louange. La mémorisation des psaumes devint ainsi un acte formateur, inscrivant les rythmes de la prière dans la mémoire bien avant que l'alphabétisation ne se généralise.

Au cours des siècles suivants, les foyers chrétiens adoptèrent des pratiques similaires. Les Psaumes étaient utilisés pour la prière familiale, surtout le matin et le soir, et des versets étaient enseignés aux enfants pour leur instruction morale et leur réconfort. Le Psaume 23, avec ses images du berger et de la vallée de l'ombre, était parmi les plus fréquemment appris par cœur. Il en résulta un vocabulaire spirituel commun, partagé de génération en génération.

La mémorisation comme formation

Dans les contextes juif et chrétien, la mémorisation des Psaumes n'était pas seulement un exercice éducatif, mais une forme de formation spirituelle. Apprendre les Psaumes par cœur, c'était laisser leurs paroles habiter notre conscience, prêtes à resurgir dans les moments de joie, de peur ou de besoin. Les Psaumes devinrent ainsi ce qu'Augustin appelait *cibus cordis,* "nourriture du cœur".

La culture monastique a fait de cette idée une discipline. Les novices devaient apprendre par cœur de larges portions des Psaumes; certains pouvaient en réciter les 150 de mémoire. La répétition du texte, jour après jour, n'avait pas pour but d'impressionner, mais de transformer et de remplacer le discours égocentrique par un discours scripturaire. Si la Règle de Benoît prescrivait la récitation hebdomadaire du Psautier en entier, c'était parce que les Psaumes étaient compris comme le langage par lequel l'âme apprenait à prier.

Hors des murs monastiques, la mémorisation remplissait un objectif similaire. En temps de persécution ou d'exil, lorsque les livres étaient rares ou interdits, les croyants s'appuyaient sur ce qu'ils avaient stocké en mémoire. Les Psaumes, courts, rythmés et émotionnellement directs, se prêtaient particulièrement bien à cette préservation orale. De cette façon, ils fonctionnaient à la fois comme écriture et comme moyen de survie, des ressources conservées dans l'esprit lorsque les textes écrits ne pouvaient être portés en main.

Psaumes du cœur

La dévotion personnelle aux Psaumes prenait souvent la forme d'une lecture méditative, une pratique que les auteurs médiévaux appelaient *ruminatio* (littéralement "ruminer"). Réciter un psaume lentement, en répétant ses phrases, revenait à en savourer le sens et à le laisser façonner les émotions. L'objectif n'était pas l'analyse, mais la rencontre.

Cette utilisation contemplative des Psaumes a donné naissance à une littérature dévotionnelle durable. Au Moyen Âge, des figures comme Anselme de Canterbury et Bernard de Clairvaux utilisaient le langage psalmique dans leurs prières, mêlant supplication, réflexion et louange. Le Psaume 139, avec sa description intime de la connaissance divine ("Seigneur, tu m'as sondé et tu m'as connu"), était fréquemment choisi pour la méditation de l'introspection. Le Psaume 51, la grande confession du péché, devint le modèle de la prière pénitentielle, tandis que la soif de Dieu du

Psaume 63 ("Mon âme a soif de toi, ma chair languit après toi") exprimait le désir d'union du mystique.

Au cours des siècles suivants, les auteurs de dévotion de toutes traditions perpétuèrent cette pratique. Les Psaumes étaient lus non seulement pour le réconfort, mais aussi comme miroirs de réflexion morale. Les psaumes imprécatoires, avec leurs appels féroces à la justice, étaient réinterprétés intérieurement: les ennemis à détruire étaient les vices de l'âme. Cette lecture allégorique permettait d'exprimer toute la palette des émotions psalmiques sans nier leur complexité morale.

Les Psaumes dans la Souffrance et la Mort

Peu de textes bibliques ont accompagné la souffrance humaine avec autant de persévérance que les Psaumes. Leur honnêteté inébranlable face au désespoir et à la perte les a rendus indispensables dans les moments de crise. Dans la tradition juive, des psaumes tels que les psaumes 23, 91 et 121 sont récités lors des funérailles et au cimetière, affirmant la confiance en la protection divine même dans la mort. Le Kaddish, bien que non tiré des Psaumes, fait écho à leur cadence de louanges au cœur du deuil.

Dans la pratique chrétienne, les Psaumes ont également constitué le langage de la lamentation et de la consolation. *L'Office des Morts,* récité pour les défunts, est en grande partie composé de versets de psaumes; le Psaume 130 ("Du fond de l'abîme, je crie vers toi, Seigneur") est devenu la prière archétypale de pénitence et d'espérance. L'habitude de réciter des psaumes pour les mourants a perduré jusqu'à nos jours, leurs paroles familières offrant structure et réconfort lorsque les autres formes de langage faisaient défaut.

Cette utilisation des Psaumes dans la souffrance reflète leur équilibre théologique unique: ils permettent la protestation sans irrévérence, et l'espoir sans reniement. Ils donnent voix à la foi dans l'extrême, une foi qui perdure précisément parce qu'elle peut exprimer ses doutes à voix haute.

Les psaumes dans le monde moderne

Même à l'ère de l'imprimé et du numérique, la pratique ancestrale de mémoriser et de réciter les psaumes n'a pas disparu. De nombreuses communautés juives et chrétiennes contemporaines organisent des lectures de psaumes quotidiennes ou hebdomadaires; d'autres utilisent des versets de psaumes sous des formes musicales ou méditatives. L'adaptabilité des Psaumes perdure: on les retrouve dans des œuvres chorales, des journaux personnels et même de la poésie profane. Le langage des Psaumes du roi Jacques, en particulier, a intégré le vocabulaire moral et émotionnel des cultures anglophones, façonnant des idiomes et des métaphores bien au-delà du cadre religieux.

Les Psaumes continuent également de servir des objectifs interconfessionnels et œcuméniques.

Leur récitation commune est devenue un symbole d'unité, notamment en temps de tragédie ou de commémoration. Qu'ils soient chantés en hébreu, en latin ou lus silencieusement en traduction, les Psaumes conservent leur capacité à rassembler des voix diverses dans un acte unique de réflexion et de solidarité.

Mot et mémoire

L'histoire des Psaumes, dans la dévotion privée et la mémorisation, révèle leur extraordinaire adaptabilité. À l'origine chants du temple, leur portabilité en a fait des chants du cœur. Leur rythme facilite la mémoire; leur profondeur émotionnelle nourrit la prière; leur langage relie l'expérience personnelle à la foi collective. Mémoriser un psaume, c'est participer à un dialogue intergénérationnel, un dialogue qui relie le fidèle aux chantres d'Israël, aux moines du désert et à tous ceux qui ont, un jour, transformé le langage en prière.

En ce sens, les Psaumes ne sont pas de simples textes à étudier ou à interpréter, mais des paroles à vivre. Ils continuent d'enseigner, de réconforter et de transformer, précisément parce qu'ils sont appris par cœur, c'est-à-dire mémorisés et absorbés par la vie de l'âme.

Conclusion

L'histoire des Psaumes dans le culte et la vie quotidienne est d'une remarquable continuité au milieu de changements constants. Composés pour les rituels de sacrifice et de chant du temple, ils ont survécu à la disparition de ce monde en transformant le culte lui-même. Ce qui était autrefois chanté devant l'autel est devenu la prière orale de la synagogue, puis le chant de l'église. Chaque transition a préservé l'idée centrale des Psaumes: la louange, la plainte et l'action de grâce ne sont pas liées à un lieu ou à un moment précis, mais à la relation durable entre Dieu et le peuple qui invoque son nom.

Au fil des siècles, les Psaumes ont façonné le rythme de la dévotion collective et personnelle. Dans la tradition juive, ils ont structuré le cycle quotidien de prière et soutenu l'identité à travers l'exil. Dans la pratique chrétienne, ils sont devenus la voix constante de l'Église, récités dans les monastères, chantés dans les chorales paroissiales et murmurés dans la solitude. Les mêmes paroles qui s'élevaient autrefois avec l'encens au temple ont continué à s'élever dans les langues et les mélodies de tous les continents.

Ce qui confère aux Psaumes leur force durable réside non seulement dans leur ancienneté ou leur virtuosité, mais aussi dans leur capacité à rassembler l'expérience humaine dans le culte. Ils enseignent que la foi peut s'exprimer dans la joie et la tristesse, dans la confiance et la protestation, et que cette parole elle-même est un acte de confiance. Qu'ils soient proclamés en assemblée ou rappelés en silence, les Psaumes demeurent le cœur vivant de la foi biblique: des paroles anciennes qui continuent de façonner le son de la prière.

Chapitre 6
La langue vivante du culte

Les Psaumes et le chemin de la foi

Suivre le Livre des Psaumes depuis ses origines historiques jusqu'à sa résonance moderne, c'est retracer l'une des trajectoires les plus longues et les plus variées de l'histoire culturelle humaine. Ce recueil, qui n'était au départ qu'un recueil de chants hébreux, composés dans les cours, les sanctuaires et les foyers, est devenu l'un des corpus de poésie religieuse les plus durables au monde. Il a survécu à la destruction des temples, à l'effondrement des empires et aux changements de langages religieux. Pourtant, malgré toutes ces mutations, les Psaumes sont restés indissociables d'eux-mêmes: un lieu de rencontre entre l'appel divin et l'expérience humaine. Dès les premiers temps du culte israélite, ces poèmes exprimaient la joie et la tristesse, la louange et la protestation, l'action de grâce et le besoin. Ils naissaient de circonstances réelles de guerre et de victoire, de récolte et de famine, d'exil et de retour, mais leur langage élevait ces expériences à un registre transcendant l'instant. Lorsque les générations suivantes les ont rassemblés sous la forme que nous appelons aujourd'hui le Livre des Psaumes, elles ont créé non seulement une anthologie de vers anciens, mais aussi une carte spirituelle: un guide pour vivre fidèlement au milieu des fluctuations de l'histoire. Les études modernes ont démontré que les Psaumes n'ont jamais été statiques. Leur compilation, leur édition et leur réinterprétation reflètent le dynamisme de la foi d'Israël. Alors que le pouvoir politique déclinait et que le rituel du temple cédait la place à la mémoire, les Psaumes ont assuré la continuité: un moyen de maintenir l'identité lorsque les institutions vacillaient. Ils ont transposé la théologie d'Israël sous de nouvelles formes (orale, écrite, chantée et priée). Ainsi, les Psaumes sont devenus ce que l'on pourrait appeler l'autobiographie spirituelle d'un peuple: témoignages d'angoisse et d'espoir, de culpabilité et de pardon, d'aliénation et de restauration.

Poésie, théologie et voix humaine

Au cœur des Psaumes réside leur poésie. Ce ne sont ni des traités doctrinaux ni des arguments philosophiques, mais de l'art. Le parallélisme (l'équilibre des lignes qui font écho ou intensifient le sens) crée rythme et tension. L'imagerie tirée du berger, de la royauté, de la tempête et du sanctuaire rend tangibles des idées abstraites. Par la métaphore, Israël parlait de Dieu non pas comme d'une idée, mais comme d'une présence: un rocher, un refuge, un berger, un roi trônant au-dessus du déluge. Ce mode poétique a des implications théologiques. Les Psaumes enseignent non pas par définition, mais par évocation. Ils incitent le fidèle à participer: "Goûtez et voyez combien l'Éternel est bon." Leur vérité est plus relationnelle que conceptuelle, révélée par le dialogue plutôt que par la déclaration. En s'adressant directement à Dieu, ils transforment la théologie en prière. Leur palette émotionnelle est tout aussi saisissante. Peu d'autres textes de l'Antiquité abordent avec autant de franchise la colère, la peur ou le désespoir. Les lamentations expriment le sentiment d'absence divine; les hymnes répondent par l'exultation à la présence divine. Entre eux se trouve une théologie de la foi profondément honnête, qui suppose une relation même lorsque celle-ci est tendue. C'est dans cette tension entre confiance et protestation que réside le génie des Psaumes. Ils ne résolvent pas les contradictions de la vie, mais les expriment, insistant sur le fait que chaque émotion humaine peut être présentée à Dieu.

Du temple au texte: la transformation du culte

L'évolution des Psaumes reflète les transformations du culte d'Israël. À l'époque du Premier Temple (vers 960-586 av. J.-C.), ils faisaient partie d'un système sacrificiel où le chant accompagnait l'offrande. L'encens et la mélodie s'élevaient ensemble, formant un "parfum agréable" symbolisant la communion entre le ciel et la terre. À l'époque du Second Temple (516 av. J.-C.-70 apr. J.-C.), ces rituels se poursuivirent, mais les Psaumes commencèrent également à remplir une nouvelle fonction. À mesure que les communautés s'étendaient au-delà de Jérusalem, la prière elle-même devint une forme d'offrande parallèle. L'expression du prophète Osée "le sacrifice des lèvres" incarnait ce passage de la dévotion physique à la dévotion verbale. Le Livre des Psaumes devint ainsi le temple portatif de la foi d'Israël. Même lorsque le temple fut en ruines, sa liturgie subsista par les mots. L'appel du Psaume 141 ("Que ma prière s'élève devant toi comme l'encens") saisit la continuité entre sacrifice et supplication. Lorsque le culte synagogue s'est développé après l'exil, la récitation psalmique en a constitué l'ossature. Les mêmes textes qui accompagnaient autrefois les rituels façonnaient désormais la commémoration. Lorsque l'Église primitive a hérité des Psaumes, elle a étendu leur portée encore davantage. Les traductions grecque et latine les ont introduits dans de nouveaux mondes linguistiques; le chant et les hymnes les ont placés au cœur de la liturgie chrétienne. À chaque époque, les Psaumes ont démontré leur capacité d'adaptation tout en restant reconnaissables comme la même poésie ancienne capable de s'adresser à de nouvelles communautés.

Le son de la communauté

Les Psaumes étaient destinés à être entendus. Leur rythme, leur répétition et leur parallélisme se prêtent à l'interprétation publique. Dans les chœurs des temples, les chants synagogaux, les psalmodies monastiques et les chants en assemblée, les Psaumes ont créé une communauté par le partage des sons. Cette dimension musicale explique en grande partie leur survie. Les paroles chantées sont plus faciles à retenir que les paroles prononcées; la mélodie ancre le langage dans le corps. Des fils de Coré aux moines grégoriens et aux congrégations de la Réforme, le chant des Psaumes a uni des générations. Même lorsque la théologie divisait les Églises et les nations, le chant psalmique a continué d'unir les croyants dans un vocabulaire commun de louanges et de lamentations. La musique porte également les Psaumes au-delà des frontières de la foi. De Palestrina à Bach, de Mendelssohn à Bernstein, des compositeurs ont réinterprété leurs cadences dans des formes qui touchent aussi bien les publics sacrés que profanes. Leur univers sonore, tour à tour plaintif et exultant, continue de résonner car il reflète le pouls du sentiment humain.

La forme du temps

L'un des héritages les plus durables des Psaumes est leur capacité à structurer le temps. Les prières du matin et du soir, les sabbats et les fêtes, ainsi que les heures monastiques, s'inspirent tous du langage psalmique. Ainsi, les Psaumes sanctifient le rythme de la journée. Le Psaume 63 accueille l'aube avec le désir de Dieu; le Psaume 4 clôt la journée avec la confiance en la protection divine. Les prier, c'est habiter le temps sacré dans un cycle qui reflète l'oscillation de la vie humaine entre travail et repos, anxiété et paix. Cette fonction temporelle est à la fois théologique et pratique. Elle exprime la conviction que le temps lui-même appartient à Dieu et que chaque jour peut devenir une offrande. En intégrant les Psaumes au calendrier de prière, le judaïsme et le christianisme ont trouvé le moyen de rendre l'histoire habitable, de transformer le passage des heures en pratique de la foi.

La vie intérieure

À mesure que le culte s'étendait du temple à la synagogue puis à l'église, les Psaumes entrèrent également dans la sphère privée. Mémorisés par les enfants, récités par les moines et emportés par les croyants en exil, ils devinrent des compagnons intérieurs. Apprendre un psaume par cœur, c'est en inscrire le rythme dans sa pensée et ses sentiments. Cette intériorisation conféra aux Psaumes un nouveau rôle d'instruments de méditation. Les auteurs médiévaux parlaient de *ruminatio*, la répétition lente et réfléchie des Écritures. "Mâcher" un psaume, c'était en absorber progressivement le sens, lui permettant de façonner les émotions. Une telle méditation transformait le texte en prière et le souvenir en présence. Dans la souffrance et la mort, les Psaumes devinrent des paroles d'endurance. Leur honnêteté face à la peur et à la perte en faisait des compagnons de lamentations, tandis que leurs assurances de la fidélité divine offraient de l'espoir. Que ce soit dans la voix de la personne en deuil récitant le Psaume 130 ou dans celle du croyant mourant se souvenant du Psaume 23, les Psaumes ont fourni un langage pour les seuils, les moments où la parole ordinaire se tait.

Les Psaumes dans l'imaginaire moderne

Le monde moderne, bien que largement détaché des temples et des monastères, n'a pas abandonné les Psaumes. On les retrouve dans les salles de concert et les romans, dans les discours politiques et les journaux intimes. Leurs expressions sont entrées dans le vocabulaire moral des langues occidentales: "Des profondeurs", "De la vallée de l'ombre", "Ma coupe déborde". Même lorsque la croyance vacille, leur poésie perdure comme mémoire culturelle. Les interprètes modernes ont lu les Psaumes à travers des prismes historiques, littéraires et psychologiques. Les érudits examinent leur formation; les poètes redécouvrent leurs cadences; les théologiens se débattent avec leurs portraits de la justice et de la violence divines. À une époque de fragmentation, la capacité des Psaumes à contenir la contradiction, à exprimer à la fois la louange et la protestation, est éloquente. Ils rappellent aux lecteurs que la foi et le doute, l'espoir et le désespoir, ne sont pas opposés, mais compagnons d'un même cheminement. Les théologiens et artistes contemporains se sont également tournés vers les Psaumes comme ressources de dialogue. Lors des rassemblements interreligieux, la récitation partagée comble les divisions; Dans les contextes laïcs, leur langage de lamentation et d'espoir offre une grammaire de la solidarité humaine. Leur vitalité réside précisément dans cette ouverture: ils n'appartiennent pas à une époque ou à une institution, mais au dialogue permanent entre l'humanité et le sacré.

La théologie en mouvement

Qu'enseignent donc les Psaumes? Non pas une théologie systématique, mais une théologie dynamique. Dieu n'est pas défini, mais rencontré comme créateur et juge, berger et refuge, celui qui se cache et celui qui sauve. L'humanité n'est pas présentée comme un récepteur passif, mais comme un répondant actif, appelé à parler, chanter et se souvenir. Les Psaumes révèlent une théologie de la relation. Ils supposent que la foi implique émotion, vulnérabilité et dialogue. Ils laissent place à la colère comme à l'adoration, au silence comme au chant. Dans leur diversité même, ils modèlent une théologie spacieuse, une foi suffisamment vaste pour contenir la contradiction. Leur théologie est aussi communautaire. Le "je" du psalmiste est rarement solitaire; il s'inscrit dans un "nous". La lamentation personnelle devient confession collective; l'action de grâce individuelle devient mémoire nationale. Par cette imbrication de la voix et de la communauté, les Psaumes transforment l'expérience en identité partagée.

Écriture et imagination

La pérennité des Psaumes à travers les cultures et les siècles illustre également l'interaction entre l'Écriture et l'imagination. Texte sacré, ils imposent la révérence; poésie, ils invitent à la réinterprétation. Cette double nature leur a permis d'être sans cesse relus et chantés. Commentateurs rabbiniques, Pères de l'Église, réformateurs et critiques modernes les ont tous abordés avec des questions différentes, mais chacun y a trouvé un miroir de son époque. Leurs métaphores se sont révélées particulièrement fertiles. Chaque image – le berger, le rocher, le roi, la tempête – ouvre de nouvelles perspectives théologiques. Parce que les Psaumes parlent par l'image, ils peuvent être traduits, paraphrasés et mis en musique sans perdre leur vitalité. Leur sens s'enrichit par l'interprétation. Chaque lecture, chaque traduction, chaque mélodie est un acte de renouveau, la tentative d'une nouvelle génération de dire ce que les premiers chanteurs disaient autrefois: que la vie, dans toute sa complexité, se vit devant Dieu.

Le paradoxe persistant

La caractéristique la plus frappante des Psaumes est peut-être leur nature paradoxale. Anciens et modernes, personnels et collectifs, particuliers et universels, ils sont issus d'un monde historique et linguistique spécifique, et pourtant ils ont survécu à toutes les frontières imposées par ce monde. Ils sont à la fois littérature et liturgie, histoire et prière, théologie et art. Ce paradoxe explique leur longévité. Chaque époque trouve dans les Psaumes ce dont elle a le plus besoin. Pour les exilés de Babylone, ils étaient des chants de perte et d'espoir. Pour les premiers chrétiens, ils étaient des prophéties accomplies. Pour les moines médiévaux, ils étaient une règle de vie; pour les réformateurs, une voix pour le peuple; pour les lecteurs modernes, un langage d'honnêteté au milieu des bouleversements. Leur survie est moins une question de préservation que de recréation continue.

La Parole Vivante

Parler des Psaumes comme d'une "langue vivante de louange", c'est reconnaître cette capacité de renouvellement. Leurs paroles sont anciennes, mais elles reprennent vie dès qu'elles sont lues, chantées ou rappelées. Elles ne se contentent pas de décrire la foi; elles la mettent en pratique. Chaque fois qu'elles sont priées, le dialogue entre l'humanité et Dieu est rouvert. En ce sens, les Psaumes ne sont pas simplement un témoignage de foi, mais un moyen de croire. Ils enseignent que la foi n'est pas une possession, mais une participation, un rythme de parole et d'écoute, de lamentations et de louanges. Ils nous rappellent que le langage du sacré n'est jamais statique. Comme le monde qu'ils décrivent, il bouge, respire et change, tout en restant ancré dans le même désir: chercher le divin et être cherché par lui. Les instruments ont peut-être changé, les langues se sont multipliées et les contextes ont pu évoluer, mais la musique perdure. Le Livre des Psaumes continue d'inviter chaque génération à ajouter sa voix au chœur, à réapprendre à "chanter un cantique nouveau au Seigneur".

www.ingramcontent.com/pod-product-compliance
Lightning Source LLC
LaVergne TN
LVHW021350080426
835508LV00020B/2205